Jan Skudlarek, geboren 1986 in Hamm, promovierte über die sozialphilosophische Frage, ob Gruppen handeln können – oder nur Individuen. Er ist Professor für Soziale Arbeit an der Medical School Berlin (MSB) und Mitglied im Beirat von veritas – Beratungsstelle für Betroffene von Verschwörungserzählungen. Nicht nur in Workshops mit Kindern, Jugendlichen und Erwachsenen klärt er darüber auf, wie wir gesellschaftspolitischen Problemen begegnen können, sondern auch in seinen Sachbüchern, Reden und Interviews. Zuletzt erschien *Wahrheit und Verschwörung* (2019) bei Reclam. Er ist im Radio zu hören, im TV zu sehen und auf Twitter und Instagram unterwegs.

JAN SKUDLAREK

Wenn jeder an sich denkt, ist NICHT an alle gedacht

Streitschrift für ein neues Wir

TROPEN SACHBUCH

Klimaneutral
Druckprodukt
ClimatePartner.com/53248-2208-1025

MIX
Papier | Fördert gute Waldnutzung
FSC® C014496
FSC www.fsc.org

Tropen
www.tropen.de

Cover: Zero-Media.net, München
unter Verwendung einer Illustration von © FinePic®, München
Gesetzt von C.H.Beck.Media.Solutions, Nördlingen
Gedruckt und gebunden von GGP Media GmbH, Pößneck
Lektorat: Julia Matthias
ISBN 978-3-608-50178-0
E-Book ISBN 978-3-608-11914-5

Bibliografische Information der Deutschen Nationalbibliothek
Die Deutsche Nationalbibliothek verzeichnet diese Publikation in der Deutschen Nationalbibliografie; detaillierte bibliografische Daten sind im Internet über http://dnb.d-nb.de abrufbar.

INHALT

GRUNDPFEILER DES LIBERALEN FREIHEITSBEGRIFFS

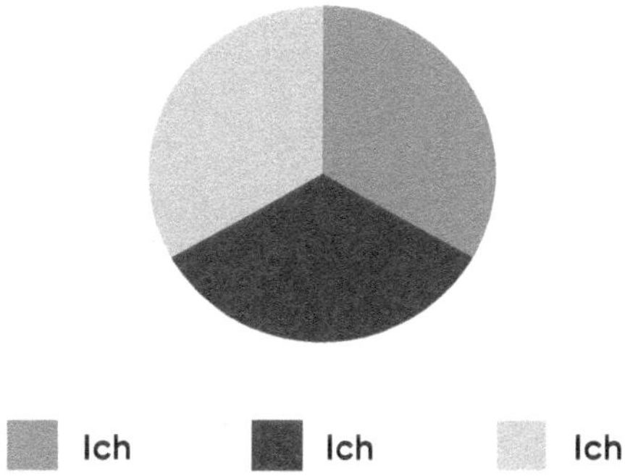

PROLOG

FREIHEIT AUF ABWEGEN

»Das Leben wird vorwärts gelebt und rückwärts verstanden.« So lautet ein berühmtes Zitat von Søren Kierkegaard. Doch, seien wir ehrlich, manches versteht man schon mittendrin. Zu Beginn der Corona-Krise wuchs jedenfalls schnell die Erkenntnis, es handele sich nicht nur um eine virale Notlage, sondern auch um eine freiheitliche. Während die Maske im Supermarkt zum kleineren Übel gehörte, regelten Versammlungsverbote und Schulschließungen direkt in unsere persönliche Lebensführung hinein. Bis ins Absurde. Auf traurige Weise berühmt wurde ein Tweet der Polizei aus dem Frühjahr 2020: »Nein, ein Buch auf einer Bank lesen ist nicht erlaubt.«[1]

Plötzlich eingeschränkt und reguliert, sahen wir uns wie zu keinem anderen Zeitpunkt der letzten Jahrzehnte auf unsere eigene körperliche Existenz zurückgeworfen. Der fremde Körper wurde zur potenziellen Gefahrenquelle, jede menschliche Begegnung zum Wagnis. Von dieser Kombination – der plötzlichen Gesundheitsgefahr »Corona«, gepaart mit ganz wesentlichen staatlichen Eingriffen in die soziale Wirklichkeit – wurden viele Menschen mürbe.

Vielerorts zeigte sich: In der Krise ist sich jeder selbst der Nächste. Wir haben einander das Klopapier weggekauft,

Masken kaum oder nur widerwillig getragen, heimlich Partys gefeiert, einander leichtsinnig und fahrlässig infiziert. Als der Impfstoff kam, ließen sich viele von uns impfen, allerdings beileibe nicht genug. Gegenmeinungen wurden lauter und die Frage, wie man zu Impfungen steht, plötzlich immer relevanter.

Schon im Januar 2019, also ein ganzes Jahr vor den ersten Corona-Fällen im chinesischen Wuhan, hatte die Weltgesundheitsorganisation (WHO) die weltweite Impfgegnerschaft zur globalen Bedrohung erklärt. Im Blick der Wissenschaftler waren damals vor allem die Masern und deren Spätfolgen. Die Wissenschaftlerinnen der WHO nannten Impfgegnertum und Impfzögerlichkeit in einem Atemzug mit Ebola, Antibiotikaresistenzen, Klimakrise und Luftverschmutzung. So gefährlich erschien ihnen die Weigerung, sich impfen zu lassen – als Gefahr für die öffentliche globale Gesundheit.[2] Eine Einschätzung, deren soziale Sprengkraft sich bewahrheitete.

Doch das Warnen der WHO beeindruckte keineswegs alle. Selbsternannte Querdenker sangen sogar lautstark das Lied des Widerstands im Kampf gegen eine imaginierte Gesundheitsdiktatur. Ihr Feind: die Regierung. Ihr größter Triumph: das Scheitern der allgemeinen Corona-Impfpflicht. Hat die Pandemie unserer freien Welt Risse verpasst? War prä-Corona alles besser? Waren damals die Grenzen unserer Freiheit, des Machbaren und des Wünschenswerten klar umrissen?

Wohl kaum. Schon vor Corona war der Freiheitsbegriff dauerhaft im Krisenmodus. In den Jahren 2008 und 2009 war es die Banken- und Finanzkrise, die weltweit Menschen zur Verzweiflung brachte. Was als Vorstellung begann, möglichst vielen Menschen zum Eigenheim zu verhelfen, entwickelte sich zum Finanz-Fiasko. Mit dem Zusammenbruch der US-amerikanischen Investmentbank Lehman Brothers platzte eine spekulative Blase, die sich sowohl an den internationalen Börsen als auch auf den privaten Bankkonten bemerkbar machte.

In Europa ging die Finanzkrise fast nahtlos in die Eurokrise über. Ab 2010 sah sich die Eurozone in ihrer Autonomie und finanziellen Handlungsfähigkeit bedroht. Rekordarbeitslosigkeit in Spanien, Massenproteste in Griechenland. Die Verzweiflung war greifbar, und die Europäische Union – mit ihrem Leitspruch »In Vielfalt geeint« – sah sich, gänzlich uneinig, vor einer Zerreißprobe. Im Rückblick wirkt auch dies bereits wie eine düstere Vorschau: Jene Freiheitskonflikte zwischen Selbstbestimmung und Fremdbestimmung, die wir in letzter Zeit immer wieder zwischen Bürgern und Staat erleben, sahen wir schon damals – nur eben zwischen Staaten und ihrem übergeordneten Staatenverbund.

Und bei genauer Betrachtung entpuppt sich schon die Eurokrise als Summe mehrerer Krisen, als eine Mischung aus Staatsschulden-, Banken- und Wirtschaftskrise. Diese Gleichzeitigkeit mehrerer Problemherde ist durchaus symptomatisch für die Geschichte unseres noch jungen Jahrhunderts. Wir leben im Zeitalter multipler Krisen. Viele davon sind freiheitsbedrohlich. Und vor allem: Politische Krisenzustände treten nicht sukzessiv oder gar voneinander isoliert auf. Im Gegenteil: Sie greifen ineinander, bedingen sich gegenseitig, entwickeln sich chaotisch, drastisch und simultan. Der Essayist Nassim Nicholas Taleb spricht sinnbildlich von »Schwarzen Schwänen«, die unsere Gesellschaften als unwahrscheinliche, unerwartete Großereignisse heimsuchen.[3]

Zum Glück verschwinden viele dieser Krisen nach und nach wieder. Sie werden bewältigt. Andere hingegen flammen wieder auf, bleiben teilweise oder gänzlich ungelöst. Von der Eurokrise ist nicht mehr die Rede. Dafür haben wir jetzt eine Inflation, die jeder von uns an der Supermarktkasse bemerkt. Zeitgleich wird der Wohnraum immer teurer, in Ballungsräumen geradezu unbezahlbar. Und als wäre dies alles nicht genug, griff der russische Präsident Wladimir Putin 2022 nicht nur die Ukraine an, sondern zugleich unsere Weltordnung – inklusive unserer westlichen Vorstellung von Freiheit. In der Folge wachsen die Spannungen zwischen den Großmächten wieder. Der Kuchen wird neu verteilt. Und die nächste Krise zeichnet sich bereits am Horizont ab. Wohin man nur schaut: Freiheit ist ein bedrohtes Gut. Ein Ende des Krisenmodus? Kaum in Sicht.

Der permanente Krisenmodus ist auch im Tagespolitischen sichtbar. Seit Jahren ist zum Beispiel das Tempolimit auf Autobahnen politisches Schreckgespenst für die einen, moralisch geboten und längst überfällig für die anderen. Die Frage nach Fleischkonsum und Fleischverzicht ist notorisch ungeklärt, Kurzstreckenflüge, Bahn- und Kreuzfahrten bleiben umweltethische Streitthemen. Und wie eine fünfte Jahreszeit erlebt Deutschland jedes Jahr aufs Neue eine »Das wird man ja wohl noch sagen dürfen«-Debatte, die sich mal an Pippi Langstrumpf, mal an Winnetou, mal an Schaumküssen (Stichwort N-Wort) und mal an Paprikaschnitzeln (Stichwort Z-Wort) abarbeitet. Vom Böllern bis zum »Blackfacing«, alles ist dabei. Gender-Debattieren, bis die Ärztin kommt.

Die Protagonistinnen in diesem Schauspiel sind immer dieselben: Konservative Kräfte einerseits, die jede noch so kleine Veränderung der gesellschaftlichen Verhältnisse – sei sie kulinarisch, linguistisch oder automobil – als Verrat an Tradition, als »Untergang des Abendlandes« und als Resultat einer linksgrünen Verbieterei beschreiben. Und auf der anderen Seite progressive Kräfte, die endlich Veränderung wollen, ungeduldig neue Freiheiten herbeisehnen, mehr Umweltschutz verlangen, lautstark ein Ende von Diskriminierung, chauvinistischer Bevorzugung und Altmänner-Privilegien fordern. Es sind vor allem junge Menschen, die innovativen Modellen des Miteinanders eine Chance geben und das Gestern endlich gestern sein lassen wollen, getreu dem Motto: »Wenn nicht jetzt, wann dann?«

Der Streit um Freiheitsräume, um den Körper, die Grenzen des Machbaren und die Ethik des Wünschenswerten ist also ein sozialer Dauerbrenner – nicht nur in Deutschland, sondern überall auf der Welt. Mutige, meist junge Menschen protestieren ab Herbst 2022 im Iran gegen ein Regime, das ihnen islamistische Körper- und Kleidungsnormen aufzwingt. Auslöser der Proteste ist der Tod von Jina Mahsa Amini, einer 22-Jährigen, die von der sogenannten Sittenpolizei in Teheran festgenommen und misshandelt wird, weil ihr Kopftuch angeblich nicht regelkonform sitzt. Amini und, in Folge der Proteste, viele weitere sterben durch Polizeigewalt.

In Deutschland wiederum blockieren »Klimakleber« die Straßen. Neben Fridays for Future fordert eine Letzte Generation endlich ein Umdenken. Überall rumort es zwischen jenen, die am Bekannten festhalten, und jenen, die auf zu neuen Ufern wollen. Freiheit und ihre Legitimität stehen zur

Debatte. Und im Zeitalter der Klimakrise wird das wohl so bleiben. Wir hamstern momentan kein Klopapier mehr, aber weiterhin zeigt sich eine egoistische, vehemente Ich-Freiheit, versteckt unter einer dünnen Decke zivilisatorischer Solidarität. So waren zum Beispiel der Zuspruch und das Mitgefühl für die brutal von Russland überfallene Ukraine zunächst monatelang grenzenlos – bis im Herbst 2022 die eigene Strom- und Gasrechnung stieg. Und während es jedem von uns einleuchtet, dass »wir als Gesellschaft« ökologisch kürzertreten müssen, fällt es jedem Einzelnen von uns – inklusive mir – manchmal schwer zu begreifen, warum »gerade ich« damit anfangen sollte. Die Hölle, das sind die Inlandsflüge der anderen.

Die Individualfreiheit dominiert also weiterhin, während soziale Institutionen wie das Bundesverfassungsgericht längst bestätigen, dass Pandemiemaßnahmen wie Schulschließungen rechtens und grundgesetzlich legitim waren. Selbst den großen demokratischen Institutionen dämmert, dass manchmal nur schmerzhafte, kollektive Einschnitte das Gemeinwohl gewährleisten. Das Spannungsverhältnis zwischen Individuum und Gesellschaft ist vor allem vor dem Hintergrund der Klimakrise überzeitlich aktuell. Neben allen punktuellen Problemen zeigt sich in der Verlangsamung der Erderwärmung die zentrale freiheitsbedrohende Herausforderung unserer Zeit. Und längst hat abermals das Bundesverfassungsgericht – der Linksradikalität unverdächtig – erkannt, dass »notwendige Freiheitsbeschränkungen« durchaus früher oder später ergriffen werden müssen.[4]

Unsere zukünftige Freiheit scheint paradoxerweise gerade deshalb in Gefahr, weil wir aus egoistischen Gründen nichts zu ihrem Schutz unternehmen – da wir uns zu sehr um die gegenwärtige Freiheit sorgen. Während allmählich die Rücksicht mit den Rücksichtslosen bröckelt und die Spaltung der Gesellschaft gefühlt voranschreitet, sind die Fragen, die aufgeworfen werden, immer wieder dieselben. Wie weit darf die Freiheit des Einzelnen gehen? Was ist Solidarität? Was für eine Gesellschaft sind wir, wenn wir selbst in der Krise nicht zu einer Gemeinschaft werden können, ja, werden wollen? Und natürlich die Frage, wie sehr ein Staat seine Bürger nicht nur körperlich einschränken darf, sondern muss. Ist der Staat ein notwendiges regulatives Übel, ein Monster, das man kleinhalten sollte – oder ein erlaubender und verbietender Vater, der sich um seine Kinderlein sorgt?

Knapp vierzig Jahre nachdem der Philosoph Hans Jonas *Das Prinzip Verantwortung*[5] veröffentlichte, ist nicht nur die Freiheitsfrage wieder mal brennend aktuell und immer noch weitgehend ungelöst, sondern auch die Verantwortungsfrage. Was ist das eigentlich, Verantwortung? Und warum fällt sie uns so schwer? Wieso ist eben *nicht* an alle gedacht, wenn jeder an sich denkt? Ebenso, wie ein Mensch mehr ist als die Summe seiner Zellen, eine Stadt mehr als die Summe ihrer Häuser und ein Land mehr als die Summe seiner Quadratkilometer, so zeigen insbesondere Krisen uns immer aufs Neue, dass die menschliche Gemeinschaft mehr sein muss als die bloße Summe ihrer egoistischen Individuen. Im Verlauf dieses Buches möchte ich Sie, lieber Leser, liebe Leserin, dazu einladen, gemeinsam mit mir den Freiheitsbegriff zu überdenken.

Lassen Sie uns Schritt für Schritt den Weg zum Wir antreten. Überlegen, wie eine tragfähige Wir-Perspektive heutzutage aussehen könnte. Ein Wir, das sich vereinen lässt mit unserem Drang nach Selbstentfaltung, mit unserem nachvollziehbaren Wunsch nach Freiheit und Selbstbestimmung. Ein Wir, das solidarisch ist. Ein Wir, das trägt und verbindet, statt ausgrenzt und spaltet. Ein möglicher Weg zu diesem Wir kann der Allmendegedanke sein, das heißt das Bewusstsein kollektiv genutzter Ressourcen und Gemeingüter. Und, damit verbunden: eine Vorstellung von der Menschheit als Kultur- und Schicksalsgemeinschaft. Denn während wir selbstredend Individuen mit Freiheitsdrang sind, sind wir zugleich ein voneinander abhängiges Überlebenskollektiv. Ein Kollektiv, das in Gefahrenmomenten aufeinander zählen können muss. Was gefragt ist, ist Zusammenhalt. Wir-Perspektive bedeutet daher nicht politischen Kollektivismus und diktatorischen Zwang, sondern im Gegenteil, ein freiwilliges und vielschichtiges Verständnis der menschlichen Sozialität. Und, daraus abgeleitet, eine praktische Solidarität.

KAPITEL 1

ME, MYSELF AND I – DIE INDIVIDUALISTISCHE GEHIRNWÄSCHE

Auf die Bitte des Energieministers Robert Habeck an die Bürgerinnen und Bürger, in Zeiten knapper Ressourcen nicht Ewigkeiten unbesorgt zu duschen, entgegnete FDP-Politiker Wolfgang Kubicki, damaliger Bundestagsvizepräsident: »Robert Habeck darf gerne so kurz duschen, wie er es für richtig hält. Ich schaue jedenfalls nicht auf die Uhr, wenn ich in der Dusche stehe. Ich dusche so lange, bis ich fertig bin.«[6] Einer der profiliertesten Politiker des Landes prahlte medial mit seinen Duschvorlieben. Ins selbe Horn blies Helmut Markwort, Gründer des Magazins *Focus*: »Ich komme schamlos durch die Woche. Gestern habe ich trotz der Ermahnungen durch den Aktualitätsphilosophen Robert Habeck ausgiebig geduscht. Ich empfinde keine Spur von Duschscham und denke nicht daran, das erfrischende Wasser in Litern zu messen und zu rationieren. [...] Die mündigen Bürger sollen in eigener Verantwortung entscheiden, wie sie mit ihrem Verhalten zum Gemeinwohl beitragen wollen.«[7] Und eine *Bild*-Kolumnistin wagte gar die kühne These: »Duschen ist die neue Freiheit!«[8]

Der Spott in diesen Zeilen ist kaum zu überlesen. Wir

lesen hier nicht bloß die Meinungen von Menschen, die sich nicht in ihrer Handlungspraxis einschränken lassen wollen. Es geht hier nicht nur um Mündigkeit und Freiheit, nein, in diesen Aussagen steckt mehr. Jenseits unbändiger Freiheitsliebe schimmert Verachtung durch für jene, die es auch nur wagen, ihre Mitmenschen an die soziale Dimension des Freiheitskonzepts zu erinnern. Zur Debatte steht offenbar nicht nur, wie »die mündigen Bürger mit ihrem Verhalten zum Gemeinwohl beitragen«, sondern ob sie das überhaupt tun.

Ähnliches sah man während Corona. Abgesehen von einer die Maßnahmen mittragenden und sie aktiv umsetzenden Mehrheit, gab es Millionen Deutsche, die sich nicht haben impfen lassen. Millionen Mitbürger, die die Maskenpflicht ignorierten oder ihre Masken nur halbherzig, vielmehr halbnasig trugen. Der Vordenker der Verweigerung, Helmut Markwort, schrieb im selben Text, aus dem das obige Zitat stammt: »Im Flugzeug lässt sich das Pflichtbewusstsein studieren. Am Flughafen in Frankfurt verkündet der Hallensprecher, an Bord sei eine FFP2-Maske Pflicht. Das ist falsch. An Bord überreichen die Stewardessen den Passagieren eine leichte Maske. Die meisten setzen sie gehorsam auf. Ich stecke sie in die Tasche, weil ich weiß, dass das Bordpersonal nicht mehr kontrolliert.«

Hier lesen wir die Vorstellung heraus, in Krisensituationen ginge es nicht um Krisenbewältigung, sondern allein um Kontrolle und Gehorsam. Das sah auch Verleger Stefan Aust so: »Die Maske muss der Maske wegen getragen werden. Als Symbol für Gehorsam den Maßnahmen der Regierung gegenüber.«[9] Die Idee einer gemeinsamen Kraftanstrengung, einer kollektiven Krisenbewältigung, einer Wendung zum

Besseren durch prosoziale Mitarbeit – in Zeilen wie diesen taucht sie nicht einmal ansatzweise auf.

Die Dusch- und Maskendebatten lenken unseren Blick auf ein echtes Problem: Selbst unsere Körper sind politisch. Die Politik macht keineswegs am Körper halt. Auch das Private hat eine offenkundige soziale, ja sozialethische Dimension.[10] Und das Zauberwort, das diese eigennützigen Handlungsweisen begründet, lautet: Individualismus. Weil allerdings mit Individualismus, wissenschaftlich wie alltagssprachlich, allerlei Dinge bezeichnet werden, möchte ich von vornherein präzisieren. Das, was ich hier ausführe und kritisch betrachte, ist nicht der Individualismus an sich, sondern das, was ich »die individualistische Gehirnwäsche« nenne.

Die individualistische Gehirnwäsche besteht in der (post-)modernen, neoliberalen, insbesondere westlichen Überzeugung, der unabhängige Alleinherrscher seiner eigenen, individuellen Wirklichkeit zu sein. Dahinter steckt die Fehlannahme, eine Maximierung des Ichs sei der Inbegriff und ganz und gar identisch mit dem Konzept der Freiheit. Duschen bis zum Umfallen! Nieder mit der Maske! Verzichten sollen die anderen!

Die individualistische Schieflage ist einflussreich und omnipräsent. Um den westlichen Drang, das Individuum in den Mittelpunkt zu stellen, besser zu verstehen, müssen wir uns ansehen, wie es dazu gekommen ist. Woher stammt die große Selbstverständlichkeit, mit der manche Menschen sich verhalten, als wären sie allein auf der Welt? Woher die Selbstgewissheit, dass es in Ordnung ist, mit den eigenen Bedürfnissen die Interessen anderer zu überschreiben? Wie kommt es, dass ich meinen Körper nicht als einen Körper unter vielen verstehe, sondern als den einzigen, auf den es wirklich ankommt? Um diese Fragen zu beantworten, werfen wir zunächst einen Blick in die Vergangenheit.

VON HERDENTIEREN ZU EINZELMENSCHEN

Evolutionsbiologisch gesehen, ist das Einzelleben keineswegs die Norm. Der Homo sapiens ist nicht als Spezies entfernt voneinander lebender Eremiten entstanden. Das Gegenteil ist der Fall: Der Mensch entstammt der Sippengemeinschaft. Wenn wir vom Urmenschen als Jäger und Sammler sprechen, meinen wir nicht verstreute Einzelgänger, die jagen und sammeln, sondern eine arbeitsteilige Jagd- und Sammelgesellschaft.

Dasselbe gilt für die Sesshaftwerdung des Menschen vor circa zehntausend Jahren. Die ersten sesshaften Menschen waren keine einsamen Farmer, die auf sich gestellt Landstriche kultivierten, einsam Vieh hielten und solitär Gemüse anbauten. Die ersten Bauern lebten in Kleingruppen. Und das notwendigerweise: Die soziale Lebensgemeinschaft war eine Überlebensgemeinschaft. Dies änderte erst mal nichts an einer immens hohen Mortalitätsrate. Die allerwenigsten Kinder erlebten das Erwachsenenalter. Das ging bis in die jüngere Vergangenheit: Noch im Deutschland des 19. Jahrhunderts starb jedes zweite Kind. Dass wir Kindheit nicht mehr automatisch mit hoher Sterblichkeit assoziieren, ist die Leistung unseres modernen Gesundheitswesens.

Die Menschheit hat sich vervielfacht und zugleich vereinzelt. Und sie vereinzelt sich weiter: Während es 1991 noch knapp über elf Millionen deutsche Einpersonenhaushalte gab, leben heute, drei Jahrzehnte später, schon um die

17 Millionen Menschen in Deutschland ohne Mitbewohner oder Mitbewohnerin.[11] 17 Millionen ohne Familie, ohne WG, ohne Sippe.

Aus soziologischer Perspektive wurde die Sippschaft im Lauf der Jahrhunderte auf ein Minimum reduziert: die sogenannte Kernfamilie. Statistisch gesehen, sind das heutzutage: Mutter, Vater und ein bis zwei Kinder. Und mittlerweile ist für das Überleben dieser Kinder bestens gesorgt. Die Lage ist keineswegs perfekt, jedoch war sie auch noch nie besser: Die Kindersterblichkeitsrate war niemals niedriger. Laut dem UNICEF-Report zum dreißigjährigen Bestehen der Kinderrechtskonvention »sank die Zahl der verstorbenen Kinder unter fünf Jahren weltweit von 95 je 1000 Lebendgeburten im Jahr 1989 auf 39 im Jahr 2018«.[12]

Ebenso vorwärts geht es aus pädagogischer Sicht. Das gewaltsame Abrichten des eigenen Nachwuchses ist passé. In den meisten Kernfamilien gehört es, spätestens seit der 68er-Revolution, zudem zum guten Stil, Raum für individuelle Entfaltung zu lassen. Der familiäre Gruppenzwang und der umerziehende Kollektivismus früherer Jahrzehnte haben nicht vollständig, aber überwiegend ausgedient. Der Sohn hört Metal, was alle anderen zwar irritiert, aber sie tolerieren es; der Vater werkelt wochenends im Garten, wozu sich sonst niemand so recht begeistert; die Mutter liest Krimis, die abgesehen von ihr keinen interessieren; und die Idole der Tochter sind TikTokerinnen und YouTuber, von denen der Rest der Familie beim besten Willen noch nie gehört hat. Kurzum hat jeder seine eigene Persönlichkeit und sein eigenes individuelles Präferenzverhalten. Und dieses eigene Präferenzverhalten wird – natürlich idealtypisch und nicht immer frei von Konflikten – von den anderen Familienmitgliedern geduldet oder gar gefördert. Jeder macht sein Ding. Auch beim Duschen schaut niemand auf die Stoppuhr, solange man nicht das einzige Bad im Haus blockiert.

Der moderne, vor allem westliche Mensch hat die Qual der Wahl, seinen Berufsweg, seine Vorlieben, sein Privatleben, also seinen gesamten Lebensweg aus einer unendlichen Anzahl von Optionen auszuwählen. Wir probieren uns aus und behalten bei, was zu uns passt. Wohin man auch sieht: autonome Subjekte überall. Freiheit. Wo liegt das Problem?

DIE DREI SÄULEN DES INDIVIDUALISMUS

Von einer aufeinander angewiesenen Überlebensgemeinschaft hin zu einem eher losen Kollektiv von selbstbestimmenden Individualistinnen – dieser Prozess kam nicht von jetzt auf gleich, er hat Jahrtausende gedauert. Bevor es darum geht, warum aus dieser kulturhistorischen Individualisierung des Zusammenlebens nicht nur Win-win-Situationen resultieren, nehmen wir den Prozess der Vereinzelung genauer unter die Lupe.

Die moderne Individualisierung der Gesellschaft kennt drei Wendepunkte: erstens Descartes, zweitens die Industrialisierung und drittens den Liberalismus. Descartes legt das philosophische Fundament für das heutige Ich-Denken. Die Industrialisierung schafft wiederum ökonomische und gesellschaftliche Strukturen, die eine schrittweise Loslösung des Menschen aus seinem Kollektiv überhaupt erst wirtschaftlich ermöglichen. Der Liberalismus sorgt seinerseits dafür, dass Individualfreiheit, Rechtssicherheit und die Abwesenheit staatlichen Zwangs ganz wesentliche Ankerpunkte unserer heutigen Gesellschaft sind. Weil ich zeitgenössische Egoismen und Egomanien schließlich als »toxische Ableitungen« dieser drei modernen Individualisierungsprozesse verstehe, werfen wir einen genaueren Blick auf diese Prozesse.

ICH DENKE, ALSO BIN *ICH*

René Descartes (1596–1650) ist der Vater der modernen Philosophie. Insbesondere seine *Meditationen über die Grundlagen der Philosophie* (1641) gelten als Meilenstein, der einige wirkmächtige Gedanken versammelt und somit die moderne Philosophie des Geistes begründet. Der französische Philosoph stellt sich ganz grundlegende Fragen des Wissens und Erkennens. Er fängt seine Reise der Erkenntnis damit an, dass er Überflüssiges gedanklich über Bord wirft: »[S]o sehe ich mich endlich gezwungen, zuzugestehen, daß an allem, was ich früher für wahr hielt, zu zweifeln möglich ist – nicht aus Unbesonnenheit oder Leichtsinn, sondern aus triftigen und wohlerwogenen Gründen – und daß ich folglich auch all meine früheren Überzeugungen ebenso wie den offenbar falschen, meine Zustimmung fortan sorgfältig versagen muß, wenn ich etwas Gewisses entdecken will.«[13]

Diese Herangehensweise wurde bekannt als der »methodische Zweifel«. Descartes ist auf der Suche nach dem, was ich sicher wissen kann. Durch gezieltes und eben methodisches Zweifeln schließt er das, was nicht auf einem sicheren Fundament steht, aus. Das Fundament der Erkenntnis verortet Descartes schließlich im erlebenden Ich. Ich bin der, der denkt, und während ich alle Außenwelt in Zweifel ziehen kann, so kann ich jedoch, logischerweise, nicht in Zweifel ziehen, dass ich zweifle. Der Zweifel ist über jeden Zweifel erhaben. Basis der Erkenntnis bildet das erkennende Subjekt selbst: »Was aber bin ich demnach? Ein denkendes Wesen! Was heißt das? Nun, – ein Wesen, das zweifelt, einsieht, bejaht, verneint, will, nicht will und das sich auch etwas bildlich vorstellt und empfindet.«[14]

Aus diesem erlebten und erlebenden individuellen Denken heraus leitet der Philosoph die Existenz des Individuums ab. So gesehen, ist der methodische Zweifel eine durch und durch individualistische erkenntnistheoretische Position; und Descartes der Vater der subjektivistischen Philosophie. Immerhin heißt es »Ich denke, also bin ich« und nicht »Wir denken, also sind wir«. Im Original schreibt Descartes nicht das weltberühmte »Cogito ergo sum«, sondern das sinnverwandte »Ego sum, ego existo«. Ich bin, ich existiere. Subjektivistischer geht es nicht.

Wir jedoch werden im Laufe dieses Buches den Weg zum Wir antreten. Und versuchen, die grundlegende Vorstellung, dass es in meinem Leben – und Erleben – in erster Linie um mich geht, mit der Vorstellung in Einklang zu bringen, dass dieses Ich nur im Sozialkollektiv stattfindet. Wenn man nicht einer individualistischen Verkürzung zum Opfer fallen will, muss es heißen: Nos sumus, nos existimus. Wir sind, wir existieren.

EXKURS: CAST AWAY

Bevor es weitergeht, wagen wir ein Gedankenexperiment. Stellen wir uns vor, dass ein Mann als Einziger einen Flugzeugabsturz überlebt. Mit letzter Kraft schafft er es auf eine kleine, von Menschen unbewohnte Insel im Nirgendwo. Weil das Flugzeug in ein Gewitter geraten und die Funkverbindung abgebrochen war, weiß niemand vom genauen Flugzeugabsturzort. Niemand kommt, um ihn zu holen. Er ist auf sich allein gestellt und muss lernen, auf der einsamen Insel zu überleben. Wird es ihm gelingen, die Wildnis zu bezwingen? Oder bleibt die Natur unbezwingbar?

Das ist unter anderem der Plot des Films *Cast Away* (2000) mit Tom Hanks. Das Genre nennt sich Robinsonade, also ein Abenteuer im Sinne Robinson Crusoes nach dem gleichnamigen Roman von Daniel Defoe (1719). Die Story gibt es in endlosen Varianten. Eine urbane Variante des Ein-Mensch-ganz-allein-Szenarios finden wir zum Beispiel im Film *I Am Legend* (2007) mit Will Smith. Dort ist der Held der einzige Überlebende einer Zombieapokalypse. Das Zombie-Genre bietet, seinerseits wiederbelebt durch die Serie *The Walking Dead* (2010–2022), diverse Geschichten des einsamen Überlebens. Meist sind sie traurig, oft sind sie grausam.

Tatsächlich ist das einsame Leben überraschend voraussetzungsreich. Wer nicht gerade glücklich an einen Strand gespült wird, sollte schwimmen können. Auf einer einsamen Insel stellt sich dann die Frage, wie man ein Feuer macht. Auch das Jagen von Tieren und die Unterscheidung von essbaren und weniger essbaren Pflanzen ist Wissen, das man idealerweise mitbringt. Wer diese Dinge weiß und kann, lebt länger. Wer nicht schwimmen kann, ertrinkt, wer kein Feuer machen kann, erfriert, und wer außerstande ist, einen Speer zu basteln und treffsicher zu nutzen, verhungert. Von einem Floß müssen wir gar nicht erst anfangen.

Die kulturellen und somit sozialen Voraussetzungen des Eremitentums sind immens. Wir entstammen nun mal der Gruppe und sind nicht für ein Leben in totaler Abgeschiedenheit gemacht. Der Wissenstransfer von einem zum nächsten über Generationen, das heißt über Jahrhunderte und Jahrtausende, hat uns erst an den Punkt gebracht, an dem wir jetzt sind. Müsste jeder Mensch von Neuem herausfinden, was zum Beispiel essbar ist und was nicht – unser Leben wäre denkbar kurz. Der Evolutionspsychologe Michael Tomasello spricht in diesem Zusammenhang von einem Wagenhebereffekt (*ratchet effect*). Das heißt, die soziokulturelle Evolution des Menschen basiert auf einer Weitergabe des jeweiligen Erfahrungshorizontes. Jede Generation lehrt die nächste die elementaren Dinge, die wichtigen Fähigkeiten und die unverzichtbaren Fertigkeiten. Und zwar in einem Ausmaß, das es so nur beim Menschen gibt. Wir sind, redensartlich gesprochen, Zwerge auf den Schultern von Riesen.

Die meisten von uns wären verloren in der Wildnis. Da ändern auch ein paar Robinsonaden und Survival-Dokus nichts. Einsamer-Mann-Beispiele wie *Cast Away*, *Robinson Crusoe* oder *I Am Legend* sind Beispiele für Erzählungen, dass manche Menschen auf sich gestellt überleben. Sie sind keine guten Argumente für den Individualismus an sich, und erst recht keine guten Gegenbeispiele gegen die grundlegende Sozialität des Menschen. Im Gegenteil: Überlebensszenarien lenken unsere Aufmerksamkeit auf die Tatsache, dass wir immens viel sozial konstruiertes Wissen in unserem Rucksack mit uns führen. Je besser dieser Rucksack gepackt ist, desto bereiter sind wir für das (Über-)Leben.

INDUSTRIALISIERUNG UND URBANISIERUNG

Zurück zu den Grundpfeilern des Individualismus. Dass wir ab einem gewissen Alter weitgehend unabhängig voneinander leben, ist eine Entwicklung der letzten Jahrhunderte. Eine überaus wichtige sozioökonomische Rolle spielen hierbei die Prozesse der Industrialisierung und der Urbanisierung.

Im prä-industriellen Zeitalter war das bäuerliche Landwirtschaftsleben die Norm. Man lebte und arbeitete von morgens bis abends in einer Überlebens- und Arbeitsgemeinschaft, zu der die eigenen Blutsverwandten und, je nach Wohlstand, vielleicht noch ein paar Knechte und Mägde gehörten. Die Bauern waren überwiegend Selbstversorger. Obst, Gemüse, Vieh – Anbau und Ernte in einem überschaubaren Rahmen und unter weitgehend natürlichen Bedingungen.

Die Kindheit als eigenständige, arbeitsfreie Schonzeit gab es im heutigen Sinne nicht. Der Soziologe Klaus Bendel schreibt: »Bis zum 17. Jahrhundert war die für uns heute selbstverständliche Vorstellung von der Kindheit als einer eigenständigen Lebensphase der Entwicklung und des Lernens in Abgrenzung zum Erwachsenenstatus weitgehend unbekannt. Kinder galten vielmehr als kleine Erwachsene, die frühzeitig in die (Arbeits-)Abläufe des Alltags integriert wurden.«[15] Ebenso wenig gab es das Rentenalter als arbeitsfreie Lebensendphase. Es wurde also geschuftet, sobald man konnte und solange man konnte. Davor und danach lag es an der Sippe, die Arbeitsunfähigen mit durchzuziehen. Maximale Mitwirkungspflicht einerseits, maximale Abhängigkeit andererseits. Das war über Jahrhunderte so. Der Historiker Rutger Bregman: »Hätte man einen italienischen Bauern im Jahr 1300 in eine Zeitmaschine gesetzt und ihn im Jahr 1870 wieder in der Toskana aussteigen lassen, so hätte er kaum eine Veränderung bemerkt.«[16] Das Landwirtschaftsleben blieb über Jahrhunderte also weitgehend unverändert. Man schuftete miteinander und füreinander.

Die Industrialisierung beschreibt den Übergang von dieser überwiegend bäuerlichen Landwirtschaftsgesellschaft, die mit schlichten Mitteln und Werkzeugen produzierte, hin zu einer Industriegesellschaft, die nach und nach über immer mehr Wissen und immer mehr Maschinen verfügte und mit immer komplizierteren Werkzeugen und Mitteln immer besser, immer schneller und vor allen Dingen immer mehr produzierte. Arbeitsort und Wohnort entkoppelten sich. Während man es früher nicht weit zur Arbeit hatte, weil man meist dort schlief, wo man arbeitete – der Bäcker, der Schmied, der Bauer; sie alle schliefen dort, wo sie arbeiteten –, führte die schrittweise Ausdifferenzierung der Arbeitswelt dazu, dass sich Privaträume und Arbeitsräume trennten. Der Arbeitsort war nicht mehr notwendigerweise identisch mit dem Wohnort.

Zeitgleich wurde die Stadt als Ballungsraum von Industrien, Menschen und Maschinen immer mehr zu einem Ort, an dem man auch Arbeit fand. Nicht unbedingt gute Arbeit, aber Arbeit, die das Überleben sicherte. Die Industrialisierung zog die Menschen also in die Städte; ein Prozess, den Soziologinnen »Urbanisierung« nennen. Die Urbanisierung ließ also die Städte, und insgesamt die Weltbevölkerung, um ein Vielfaches wachsen. Das bäuerliche Leben, das im Mittelalter der Großteil der Bevölkerung führte, wurde zurückgedrängt. Städtische Lebensformen wurden die Norm.

Urbanisierung und Industrialisierung sind somit zwei wichtige Bestandteile der jahrhundertelangen Vereinzelung der Menschen, die sie aus ihren vorigen, ländlichen und landwirtschaftlichen Bedeutungszusammenhängen lösten. Diese Prozesse sind Quellen des Wohlstandes für einzelne Menschen und ganze Gesellschaftsschichten. Hier sehen wir die Brücke zwischen Ökonomie und Weltanschauung: Erst der Mensch, der sich aus einem wirtschaftlichen Sozialkollektiv, zum Beispiel einer ländlichen Produktionsgemeinschaft, losgelöst hat, kann es sich überhaupt leisten, vollends Individuum zu sein. Solange man existenziell eingebunden ist in vom Schicksal zugeteilte Arbeitsprozesse – der Knecht hat sich sein Leben als Knecht nicht ausgesucht, sondern wurde quasi in seine Rolle hineingeboren –, ist eine ökonomische wie weltanschauliche Loslösung gar nicht denkbar.

Erst mit dem urbanisierten, industrialisierten Lebensweg der Moderne ist Raum geschaffen für eine Weltanschauung, die das eigene Ich priorisiert. Verstädterung und Industrialisierung schaffen also die sozioökonomische Grundlage für den modernen Menschen. Und dieser moderne Mensch sieht sich gemeinhin als Individuum. An sich kein Problem – wäre da nicht die fatale menschliche Tendenz, unser gemeinsames soziales Fundament zu ignorieren.

FREIHEIT ALS POLITISCHES GRUNDPRINZIP

Der Liberalismus ist die dritte Säule des individualistischen Gehirnwäscheprogramms. Verstehen Sie mich nicht falsch: Der liberale Grundgedanke ist wertvoll. Die Idee, dass jeder Mensch ein Einzelsubjekt ist und sich hieraus, philosophisch wie juristisch, Rechtsansprüche auf Grundfreiheiten ableiten lassen – diese Idee ist ziemlich revolutionär.

In der liberalen Weltanschauung haben das individuelle Recht auf Freiheit, die subjektive Eigenverantwortung sowie die Entfaltungsmöglichkeit der einzelnen Person eine zentrale Stellung. Darüber hinaus möchte der Liberalismus sich staatlicher Kontrolle und politischer Bevormundung entgegenstellen. Aus historischer Sicht positioniert sich der Liberalismus damit als Gegenbewegung zu autoritären Regierungsformen des 17. und 18. Jahrhunderts wie dem Feudalismus und dem Absolutismus. Darüber hinaus sollen wirtschaftsliberale Prinzipien einen freien Handel gewährleisten, das heißt einen Markt von Gütern und Dienstleistungen, der sich nach den Gesetzen von Angebot und Nachfrage im Optimalfall selbst regelt – ohne Eingriffe von außen.

John Stuart Mill, englischer Philosoph des 19. Jahrhunderts und einer der Vordenker des Liberalismus, formulierte ein berühmtes Grundprinzip: »Dies Prinzip lautet: daß der einzige Grund, aus dem die Menschheit, einzeln oder vereint, sich in die Handlungsfreiheit eines ihrer Mitglieder einzumischen befugt ist, der ist: sich selbst zu schützen. Daß der einzige Zweck, um dessentwillen man Zwang gegen den Willen eines Mitglieds einer zivilisierten Gemeinschaft rechtmäßig ausüben darf, der ist: die Schädigung anderer zu verhüten.«[17]

Kulturhistorisch gesehen, erfüllt der Liberalismus also eine wichtige Funktion. Freiheitlich-liberale Leitprinzipien sollen uns vor staatlichen Übergriffen schützen und zeitgleich Freiheit garantieren. In der Frühzeit des Liberalismus war dies deshalb eine kleine Revolution, weil die Menschen Jahrtausende der Knechtschaft, der Sklaverei und der Fremdherrschaft hinter sich hatten – und dies als natürliche, gottgegebene Ordnung empfanden. Den individuellen Menschen mit seiner subjektiven Autonomie plötzlich ins Zentrum politischer Philosophie zu stellen, ist ein historischer Wendepunkt. Man musste nicht länger in die Adelsfamilie X oder die gesellschaftliche Schicht Y geboren sein, um etwas Selbstbestimmung zu genießen.

Im Verlauf der letzten Jahrhunderte, infolge der Aufklärung und des anschließenden Weges in die Moderne, ist die Vorstellung eines individuellen Rechts auf Freiheit und Selbstentfaltung so dominant und geradezu selbstverständlich geworden, dass allein die Vorstellung, Freiheit sei lediglich das angeborene Recht einer kleinen, meist reichen Oberschicht, aus heutiger Sicht absurd erscheint. Das macht sich auch rechtlich bemerkbar. In Form des Grundgesetzes und vieler weiterer rechtsstaatlicher Prinzipien, die es mir auch erlauben, mein Recht im Zweifel vor Gericht zu verteidigen, sind liberale Gedanken heute ein wichtiger Bestandteil der freiheitlich-demokratischen Grundordnung Deutschlands. Der grundsätzliche Erfolg des liberalen Erbes ist somit unbestritten.

Allerdings zeigen sich heutige Liberale nicht bloß als Verteidiger elementarer Rechtsstaatlichkeitsprinzipien. Oft treten sie, darüber hinaus, als Hyperindividualisten in Erscheinung. Damit meine ich, dass viele heutige Liberale, weit über eine liberale Grundsicherung hinaus, das Individuum zum alleinigen Dreh- und Angelpunkt des Freiheitsbegriffes erklären, und dabei das Prinzip persönlicher Einschränkung zur Schadensvermeidung verletzen. Ein Blick in die Gegenwart zeigt: Viele zeitgenössische Liberale lehnen selbst nachweislich sinnvolle staatliche Regelungen zum Beispiel zum Klimaschutz vehement ab. Wir erinnern uns: Wolfgang Kubicki, der autonome Langduscher, ist bei der FDP – jener selbsternannten freiheitlich demokratischen Partei, die die Freiheit des Einzelnen regelmäßig größer schreibt als das Wohl der Gemeinschaft.

Ergebnisse dieser hyperindividualistischen politischen Praxis: der Liberale von heute ist gegen Impfpflichten, gegen das Tempolimit, gegen diverse Arbeitgebervorschriften; gegen Marktregulierung, gegen überfällige wirtschaftliche Umverteilungsprozesse von oben nach unten, gegen eine Finanztransaktionssteuer, gegen Nachteilausgleiche, gegen Vermögenssteuern, gegen pandemiebezogene Übergewinnsteuern, und und und.[18] So verkümmerte der einstige stolze Liberalismus, der sich vollkommen zu Recht gegen die Unterdrückung durch eine absolutistische Obrigkeit wandte, im Deutschland des 21. Jahrhunderts zu einem Porschefahrer-Liberalismus, der mit einer »Steuern sind Raub«-Mentalität über tempolimitfreie Autobahnen brettert.[19] Und wieder mal, in einer modernen Form der Geldaristokratie, gehört die Freiheit vor allem einigen wenigen.

Jedoch: Die normative Grundannahme des Liberalismus ist, dass ein Staat, der als legitim gelten will, seinen Bürgerinnen und Bürgern individuelle Freiheitsräume zugesteht. In dieser Formulierung erscheint der Liberalismus als ethisch wünschenswertes politisches Projekt: einerseits möglichst wenige staatliche Eingriffe und Zwänge, andererseits möglichst viel Freiheit und Rechtsstaatlichkeit. An dieser Tatsache ändern auch vulgärliberale Platzhirsche nichts.

Wir werden uns also im Verlauf dieses Buches immer wieder genauer anschauen, wieso eine lobenswerte liberale Grundidee in der Tagespolitik oft auf geradezu stupide Weise abstumpft. Anders formuliert: Wieso wird aus theoretischer, legitimer Freiheitsliebe so schnell praktischer, illegitimer Egoismus? Wie kann es sein, dass ein edler Liberalismus zur tumben Ich-Mentalität verkommt? »Freiheit ist das, was mein Ego maximiert« – so klingt der Freiheitsbegriff, nachdem man ihn durch den narzisstisch-liberalen Fleischwolf gedreht hat. Das ist die hässliche Seite des Liberalismus, die sich in Krisenzeiten immer wieder zeigt.

Doch bloß weil wir im Verlauf der Jahrhunderte mit jeder Generation mehr zu Individualisten geworden sind, bedeutet dies nicht automatisch, dass wir alle zu Egoisten geworden sind. Descartes mag das Individuum im Zentrum der abendländischen Philosophie etabliert haben, die Verstädterung und die Industrialisierung mögen die Lebensmodelle immer mehr auf Einzelmenschen zugeschnitten haben, der Liberalismus die rechtsphilosophische und realpolitische Grundlage gelegt – daraus folgt jedoch mitnichten, dass diese Individualisten immer nur an sich denken, sich exklusiv selbst die Nächsten sind, auf das Wohl anderer pfeifen. Man kann ohne Zweifel allein wohnen, mitten in der Stadt, sein eigenes Geld redlich verdienen, kaum oder keine familiären Verpflichtungen haben, Rechtsstaat und Grundrechte schätzen und dennoch ein solidarischer, sozialer, hilfsbereiter Mensch und Mitbürger sein. Moderne Individualisierungsprozesse haben uns nicht allesamt zu selbstvergessenen Egoisten gemacht. Das eine dürfte das andere begünstigt haben, eine logische Konsequenz ist es allerdings nicht.

GEMEINSAM ALLEIN

Dass der Individualismus eine solche Faszination auf uns ausübt, kommt nicht von ungefähr. Die vergangenen Jahrtausende sind üppig mit Beispielen von Kollektivzwang, Leibeigenschaft und einer jede Individualfreiheit unterdrückenden politischen Obrigkeit bestückt. Einer Obrigkeit, die nicht selten mit Körper- und Todesstrafen gegen ihre Untertanen vorging. Über ganze Epochen war »Zuckerbrot und Peitsche« der vorherrschende Politikstil, meist mit einem ungemütlich hohen Peitschenanteil.

Dies bringt uns zum nächsten wichtigen Punkt des Individualismus. Wir sind Einzelmenschen mit Einzelkörpern. Freiheit, das ist auch und vor allem körperliche Freiheit. Wo wir sie vermissen, sind alle anderen Freiheiten nichts. Gleichwohl ist auch der Individualkörper nicht über jeden Zweifel erhaben. Descartes hatte recht: Wir können vieles anzweifeln, ja sogar der eigenen Körperlichkeit mit philosophischer Skepsis begegnen.[20] Doch auf logischer Ebene hört der Zweifel dort auf, wo der Zweifler ans eigene Denken gerät. Der nachdenkende Mensch kann durchaus seine Außenwelt bezweifeln, nicht aber die Tatsache, dass er oder sie nachdenkt. Ich denke, also bin ich – und zwar denkend.

Philosophisch wie politisch sgesehen, hat die individualistische Gehirnwäsche also ganze Arbeit geleistet. Der Mensch hat sich durch moderne Individualisierungsprozesse immer mehr vereinzelt. Das Ich steht im Fokus. Daraus ist einerseits viel Gutes entstanden, denn bestenfalls sind Individualisierungsprozesse auch Gerechtigkeitsprozesse. Zumindest in der Theorie. Der Einzelmensch bekommt das, was ihm oder ihr freiheitlich zusteht. Andererseits sehen wir, dass Individualfreiheit exakt dort an ihre Grenzen stößt, wo jeder versucht, seine Individualfreiheit auf Kosten der anderen zu maximieren. So kommt es zu Verstößen gegen jenes Schadensvermeidungsprinzip, das schon die Urväter liberaler Philosophie mitbedachten. In der Praxis scheitert nicht selten das, was in der Theorie so verlockend klingt.

Die Redensart »Meine Freiheit endet dort, wo deine beginnt« wird spätestens dort zum handlungsrelevanten ethischen Leitsatz, wo es um Ressourcen geht, die sich alle teilen müssen. Oder wo es um Pandemieschutzmaßnahmen geht, die zwar jeder für sich lebt (Abstand, Maske, Impfung), die aber »über Bande« das ganze Kollektiv betreffen. Sobald es um Konflikte des Zusammenlebens geht, die uns verdeutlichen, dass die körperliche Existenz vielleicht an Haut und Haaren aufhört, die soziale Existenz des Menschen jedoch keineswegs.

KAPITEL 2

MY BODY, MY CHOICE? – DIE GRENZEN DER KÖRPERAUTONOMIE

Eine belebte Straße in Berlin, an normalen Tagen ist sie viel befahren. Als die Ampel gerade auf Rot schaltet, stürmen mehrere junge Menschen auf die Kreuzung. Sie tragen Warnwesten und Transparente. Auf einem steht: »Was, wenn die Regierung die Klimakrise nicht im Griff hat?« Bevor die an der Ampel stehenden Autofahrer verstehen, was passiert, entsteht nicht bloß eine Sitzblockade – die Klima-Aktivisten haben sich obendrein festgeklebt, damit sie niemand so leicht wegtragen kann. Sekundenkleber auf die Handinnenfläche und, zack, die Hand auf den rauen Asphalt. Ein Hupkonzert beginnt. Erste Autofahrer steigen aus, ein Mann beschwert sich lauthals. Ein Klima-Demonstrant hält dagegen: »Wir sind die letzte Generation, die die Klimakrise noch aufhalten kann!« Man hört ihn kaum vor lauter Hupen und Geschrei. Die Polizei trifft ein.

Sommer 2022. Jonas (28) arbeitet als Pfleger im Krankenhaus einer Kleinstadt. Nach seinem Freiwilligen Sozialen Jahr im Krankenhaus vor zehn Jahren hat er sich für diesen Beruf entschieden. Trotz allem Stress gefällt es ihm, nah am Menschen zu sein, etwas Sinnvolles zu tun, die Dankbarkeit der Patienten zu spüren. Doch seit Corona ist die Lage anders. Neben der permanenten Vorsicht und der Gefahr, sich oder andere mit dem Virus zu infizieren, gibt es seit März 2022 die einrichtungsbezogene Impfpflicht. Das Problem: Jonas ist ungeimpft. Er ist kein grundsätzlicher Impfgegner, aber skeptisch gegenüber der neuen Impfung. Zu seinem Glück hat das Krankenhaus, in dem Jonas arbeitet, die gesetzlich vorgeschriebene Impfpflicht für Ärzte und Pflegekräfte nur halbherzig forciert. Es gibt das Gerücht, die Krankenhausleitung befürchte, bei einer konsequenten Durchsetzung nicht genug Ersatzkräfte zu finden, angesichts mangelnden Pflegepersonals. Bisher gab es mehrere mündliche und zwei schriftliche Aufforderungen, sich impfen zu lassen. Die meisten Kolleginnen sind geimpft. Jonas ist trotzdem nicht überzeugt. Zwar hat er Angst um seinen Job, zwingen lassen will er sich aber nach wie vor nicht.

Frau Liebermann (53) ist leidenschaftliche Raucherin. Die Speditionskauffrau hat als Teenagerin mit dem Qualmen angefangen und raucht seitdem mehr oder minder durch. Bis auf einen trockenen Husten ist Frau Liebermann fit, sie macht sogar regelmäßig Sport. Aber die Zigarette zum ersten Kaffee, die gehört für sie einfach zur Lebensqualität. Auch die nach dem Essen. Auch die in den Pausen! Und, na gut, vielleicht noch ein paar andere. Fragt man sie nach ihrer Meinung, sagt sie: »Ich finde, man sollte es den Leuten selbst überlassen, wie sie ihr Leben führen. Alkohol: ja, nein? Kippen: ja, nein? Das sollte doch jeder selbst entscheiden. Aber die Politik der letzten Jahre wendet sich konsequent gegen uns Raucher. Die Zigaretten werden teurer und teurer!

Wenn das so weitergeht, rauchen irgendwann nur noch die Millionäre. Früher waren die Deutschen freier. Da durften wir im Zug, im Restaurant, ja sogar im Flugzeug rauchen. Jetzt wird alles unterdrückt. Weil die Regierung uns umerziehen will! Nicht nur, was das Rauchen angeht, sondern auch sonst! Aber das geht so nicht. Man sollte erwachsenen Leuten selbst überlassen, was sie mit ihrem Körper machen und was nicht. Wenn ich ein paar Jährchen eher sterbe, dann ist das halt so. Außerdem ist Helmut Schmidt 96 geworden – und den hat man nie ohne Kippe gesehen.«

Herbst 2022. Juri (33) arbeitet in der Bäckerei seiner Eltern, tief in der russischen Provinz. Der Job ist hart, und viel verdient die Familie nicht, aber Juri ist mit Leib und Seele Bäcker. Doch seit einer Weile laufen die Geschäfte schlechter. Genauer gesagt, seit dem 24. Februar 2022, seit dem Beginn des Angriffskriegs gegen die Ukraine, der hier erst langsam nicht mehr »militärische Spezialoperation« genannt wird, sondern, seit es schlechter läuft für die russischen Streitkräfte, auch immer öfter »Krieg« heißt. Juri ist eher apolitisch. Nachrichten guckt er kaum. Was die Mächtigen in der Ukraine oder sonst wo machen, interessiert ihn nicht wirklich. So langsam beginnt es ihn aber zu interessieren. Es heißt nämlich, eine Mobilisierung der Streitkräfte stehe unmittelbar bevor. Sein Militärdienst ist zwar über ein Jahrzehnt her, doch er ist im wehrfähigen Alter, und Putin sagt, mehr junge Männer müssten an die Front. Juris Vater wiederum wäre stolz, wenn sein Sohn, wie zuvor sein Großvater, in den Krieg ziehen würde. Juris Mutter hingegen ist besorgt. Sie rät ihm, noch vor einer möglichen Grenzschließung nach Kasachstan zu fliehen, um dem Krieg zu entgehen. Juri hält das für keine schlechte Idee. Aber was wird dann aus Marina, Juris Ehefrau, und ihrem vierjährigen Sohn Alex? Und wer hilft den Eltern in der Bäckerei?

Als Michelle sich in Jonathan verliebt, sind beide noch fast Kinder. Die Südstaaten-Teenager sind fünfzehn und sechzehn. In ihrer Schule gibt es kaum Aufklärungsunterricht. Sie wissen, wie Sex funktioniert, aber zum Thema Verhütung erfahren sie in ihrer christlich geprägten Schule wenig – stattdessen viel dazu, dass vorehelicher Geschlechtsverkehr eine Sünde sei. Dasselbe sagt sonntags der Prediger. Schließlich passiert es: Michelle wird ungewollt schwanger. Zunächst will sie es nicht wahrhaben. Es vergehen ein paar Wochen, bis sie es Jonathan erzählt, unter Tränen. Die Teenager beichten es schließlich ihren Eltern. Beide Familien sind fassungslos. Jonathans Eltern, die in allem etwas liberaler sind, schlagen vor, Michelle soll abtreiben. Die beiden seien zu jung, um als Eltern Verantwortung zu übernehmen. Michelles Eltern reden wiederum auf ihre Tochter ein: »Ein jedes Kind ist ein Geschenk Gottes! Der Herr hat es so gewollt. Eine Abtreibung ist gleichwertig mit Mord. Und das fünfte Gebot lautet: ›Du sollst nicht töten.‹« Michelle weiß nicht, was sie tun soll. Zu ihrem Unglück gab es in ihrem Bundesstaat gerade einen Regierungswechsel. Seit ein paar Monaten regieren ultrakonservative Republikaner. Gut möglich, dass sie für einen Abbruch demnächst in einen Nachbarstaat reisen müsste. Die Zeit tickt. Der Fötus wächst.

Das sind nur fünf Beispiele, an denen wir sehen: Körper und Freiheit stehen in einem unmittelbaren Zusammenhang. Als Menschen sind wir Individuen, und als Individuen haben wir einen Körper, der zu uns gehört. Mein Arm ist mein Arm, und niemand hindert mich daran, mich am Kopf zu kratzen oder aufzustehen und im Raum herumzulaufen. Mein Körper ist meiner und nur meiner; und was ich mit meinem Körper mache, bestimme im engeren Sinne ich. Gleichzeitig sind wir – bei aller Individualfreiheit – nicht allein auf der Welt, sondern in ein komplexes soziales Gefüge eingebunden. Deswegen wird unsere persönliche, und damit auch unsere körperliche Handlungsfreiheit sehr direkt durch soziale Umstände, gesellschaftliche Normen, Erwartungen, Wünsche und Gesetze mitbestimmt.

Mitunter werden wir sogar regelrecht fremdbestimmt. Viele von uns erinnern sich sicher noch an das widerwillige Aufstehen und Zur-Schule-Müssen als Kind. Bei mir war es jedenfalls so. Ich musste in unfassbarer Frühe aufstehen und war, trotz aller Gewöhnung, immer wieder entgeistert, dass uns die Erwachsenen zwingen, quasi noch mitten in der Nacht das Bett zu verlassen, um dann in der Verwahrungsanstalt Schule bis nachmittags herumzusitzen. Die ganze Prozedur kam mir vor wie eine immense Gemeinheit, über die mich allein die Tatsache hinwegtröstete, dass meine Freunde ebenso in die Schule gezwungen wurden wie ich.[21]

Auch als Erwachsene können wir uns von äußeren Zwängen nicht ohne Weiteres befreien. Von der Notwendigkeit der Erwerbsarbeit abgesehen: Wer, wie Michelle, ungewollt schwanger wird oder sich, wie Juri, in einer Situation wiederfindet, in der plötzlich alle wehrfähigen Männer einberufen werden, dem hilft es wenig, wenn sie oder er, vermeintlich frei, mit den Füßen auf den Boden stampft und sagt: »Aber ich wollte doch gar nicht schwanger werden!« oder: »Den Krieg habe ich doch gar nicht angefangen! Und hingehen will ich auch nicht!«[22] Die Umstände – bei der Schwangerschaft biologisch, im Kriegsfall sozial – sind erst mal objektiv vorhanden. Und sie verschwinden auch nicht, wenn man weint, widerspricht oder schreit.

Die Klima-Demonstrantinnen der Letzten Generation wiederum nutzen ihre Körper als Mittel zum politischen Protest. Sie stehen mit ihren Sitzblockaden und ihrem Körpereinsatz in der Tradition des gewaltfreien Widerstandes. Die körperliche Selbstbestimmung betrifft darüber hinaus sowohl den beruflichen Bereich, wie wir bei Krankenpfleger Jonas sehen, also auch den persönlichen Bereich, wie die leidenschaftliche Raucherin Frau Liebermann uns zu verstehen gibt. Jonas will autonom entscheiden, wann, womit und ob er sich überhaupt impfen lässt; und Frau Liebermann will sich nicht vorschreiben lassen, wo sie zu rauchen hat oder wie viel. Vorschriften engen sie ein.

Last, but not least haben wir die Zeit der Corona-Pandemie gerade deshalb als besonders konfliktreich erlebt, weil jeder eben nicht mit seinem Körper tun und lassen konnte, was er oder sie wollte. Wären körperliche Autonomie und Handlungsfreiheit absolut, gäbe es die in der Pandemie vorherrschenden Konflikte schließlich nicht. Jeder könnte einfach sagen: »Da mach ich nicht mit.« Genau das ging aber nicht, zum Leidwesen nicht weniger Libertärer. Die Logik einer virulenten Infektionskrankheit namens SARS-CoV-2 veranlasste die Regierungen weltweit, ihre Bürgerinnen und Bürger durch mehr oder minder sanften Zwang zu motivieren, mit ihren Individualkörpern und trotz aller Individualfreiheit auch ans Gemeinwohl zu denken; und vor allem dementsprechend zu handeln.

Das Resultat war Zoff. Neben einrichtungsbezogenen

Impfpflichten gab es Ausgangsbeschränkungen, Schulschließungen, Abstandsregelungen, Maskenpflichten im öffentlichen Nahverkehr sowie Kontrollen des individuellen Impfstatus; alles durchaus herausfordernd, aber mit dem klar formulierten Ziel der Pandemiebekämpfung. Oberste Priorität war ein Aufrechterhalten gesellschaftlicher Systemfunktionen, ein funktionaler Minimalbetrieb von Polizei, Ämtern, Schulen, Krankenhäusern, öffentlichem Nahverkehr und so weiter. Und tatsächlich: Egal, ob Maßnahmengegner oder Maßnahmenbefürworter, niemand kann allen Ernstes behaupten, diese Eingriffe hätten nicht zur Pandemiekontrolle und zum Situationsmanagement beigetragen. Allein über ihre Legitimität kann gestritten werden, nicht über ihre Wirksamkeit.

Unstrittig ist ebenfalls: Die politischen Regelungen in der Corona-Krise waren so noch nicht da gewesene, massive Eingriffe in die persönliche Freiheit und in die körperliche Lebensführung. So massive Eingriffe, dass es bei einigen Mitbürgern zur autoritären Revolte kam, wie die Soziologin Carolin Amlinger und der Soziologe Oliver Nachtwey in ihrem Buch *Gekränkte Freiheit – Aspekte des libertären Autoritarismus* eindrücklich beschreiben. Ihre These: Einige Menschen, die zuvor wenig Erfahrung hatten mit einem regelnden, im Zweifel auch eingreifenden Staat, wurden durch die Anti-Corona-Maßnahmen nachhaltig radikalisiert.[23] Diese Radikalisierung ist bedingt durch ein libertäres Missverständnis: »Freiheit bedeutet, dass ich immer alles tun darf.«

Das ethische Problem der Körperautonomie ist somit ein philosophischer Fundamentalkonflikt. Es betrifft gleichermaßen die Menschen als Individuen und die Gesellschaft als Gemeinschaft. Streitgegenstand ist nichts Geringeres als die menschliche Freiheit. Die feministische Forderung »My Body, my Choice« – und damit die Debatte um die Legitimität von Schwangerschaftsabbrüchen – bringt die Brisanz des Konflikts beispielhaft auf den Punkt. Sehen wir uns die Grundstruktur des Konflikts genauer an, indem wir dieses Beispiel heranzoomen. Ist mein Körper ausschließlich mein Körper? Wie viel Wahl habe ich, wenn es um meinen Körper geht?

Die Kulturgeschichte des Schwangerschaftsabbruchs ist lang. Was wir mit Sicherheit sagen können: Menschen werden schon so lange ungewollt schwanger, wie Menschen überhaupt schwanger werden. Also seit Anbeginn der Spezies. Das Wissen, dass und wie sich ein Schwangerschaftsabbruch herbeiführen lässt, ist wiederum ein Kulturwissen, das über die Jahrtausende weitergetragen wird.[24] Schon Sokrates – selbst Sohn einer Hebamme – zählte es zur Hebammenkunst, »auch eine Abtreibung vor[zu]nehmen, wenn es ratsam scheint, eine noch junge Frucht abzutreiben«.[25]

Auch der hippokratische Eid, medizinisches Regelwerk der Antike, thematisiert Abtreibungen und verbietet sie; bei medizinischer Indikation, das heißt, um bei Gefahr das Leben der Mutter nicht zu gefährden, wurde in der ärztlichen Praxis der Antike aber durchaus abgetrieben. Trotz der immens langen Geschichte ungewollter Schwangerschaften und ihrer gezielten Beendigung: Erst seit kurzer Zeit, dem

20. Jahrhundert, lässt sich eine Abtreibung im Regelfall medizinisch so durchführen, dass das Leben der Schwangeren zu keinem Zeitpunkt ernsthaft in Gefahr ist.

Heutzutage gibt es einerseits, in den USA wie in Deutschland, immer mehr junge, meist progressive Frauen, die sich einem traditionellen, oft religiös geprägten Wertekanon entgegenstellen. Menschen wie Michelle – die schwangere Teenagerin aus dem obigen Beispielszenario – können zu der Überzeugung gelangen: »Ob ich eine ungewollte Schwangerschaft abbreche oder nicht, ist allein meine Entscheidung, denn immerhin ist es allein mein Körper.«

So kam es im Jahr 2022 zu 103927 deutschlandweit vorgenommenen Schwangerschaftsabbrüchen, wovon etwa 96 Prozent nach einer Beratung durch eine staatlich anerkannte Organisation erfolgten; die weiteren vier Prozent waren durch medizinische (zum Beispiel bei Lebensgefahr für die Schwangere) oder kriminologische Indikationen, das heißt, wenn die Schwangerschaft auf einem Sexualdelikt beruht, begründet.[26] Zwar gab es einen deutlichen Anstieg im Jahr 2022 um knapp 10 Prozent, in den letzten zwanzig Jahren hat sich die Zahl der Schwangerschaftsabbrüche aber kontinuierlich reduziert. In den späten Neunzigerjahren wurden jährlich rund 30000 Schwangerschaftsabbrüche mehr erfasst.[27] Hinter solchen Statistiken stehen Einzelfälle. In jedem dieser Einzelfälle gilt: Beendet eine Frau eine ungewollte Schwangerschaft, besteht sie auf ihre individuelle Körperautonomie und reproduktive Selbstbestimmung. Schutzgut ist die freiheitliche Autonomie selbst.

Im anderen, meist religiösen und konservativen Lager, finden wir Menschen vor, die ebenfalls anerkennen, dass jeder einen eigenen Körper hat und wir Individualwesen sind.

Allerdings ziehen Konservative die Grenzen individueller Körperautonomie enger. Christlich-religiöse Abtreibungsgegner sagen: »Das ungeborene Leben ist ein so hohes Schutzgut, dass eine Abtreibung unter allen Umständen falsch ist. *It's your body, but it's not your choice.*«[28]

Abtreibungsbefürworter sehen den weiblichen Körper als Individualgut, das dem sozialen Zugriff entzogen ist. Abtreibungsgegner wiederum verstehen den weiblichen Körper vielmehr als Sozialgut, das die Gemeinschaft mitbestimmt. Im Beispiel oben sind dies einmal Jonathans Eltern, die dem Teenagerpaar aus Vernunftgründen zum Schwangerschaftsabbruch raten. Auf der anderen Seite stehen Michelles Eltern, die Abtreibung kategorisch ablehnen und für die, aus Prinzip, ein Abbruch auch im Fall von Michelle und Jonathan nicht infrage kommt.

Genau an diesen Konfliktlinien spielen sich viele Freiheitskonflikte ab – an den ethischen wie politischen Grenzverläufen individueller Autonomie und der Legitimität sozialer Eingriffe in dieselbe. Was die Schwangerschaftsdebatte angeht: Die moralische Schutzwürdigkeit des menschlichen Lebens, auch in seiner biologischen Entwicklungsphase, steht hier im Spannungsverhältnis zur subjektiven Autonomie desjenigen Menschen, in dessen Körper diese Entwicklung stattfindet. Der moralische Aspekt umfasst vor allem die Frage, was zu tun und zu lassen ist im Fall einer ungewollten Schwangerschaft. Was eine solche Situation vor allem erfordert, ist eines: eine Entscheidung.

Um gleich mit einem populären Missverständnis aufzuräumen: Eine autonome Entscheidung bedeutet keineswegs, dass sie zugleich eine leichte Entscheidung ist. So ist zum Beispiel die Frage, ob ein Präsident (oder ein Kampfjetpilot) legitimerweise ein entführtes Flugzeug abschießen darf, bevor es auf eine Stadtmetropole trifft, seit dem 11. September mehr als nur ein theoretisches Gedankenexperiment. Auch die deutsche Regierung ist auf dieses Szenario vorbereitet. Kein Regierungsoberhaupt und kein Kampfjetpilot werden diese Entscheidung leichtfertig treffen. Nichtsdestoweniger handelt es ich um eine autonome Entscheidung in dem Sinne, dass die zuständige Person sich im Zweifel auch anders hätte entscheiden können. Die Komplexität der Sachlage und der involvierten Entscheidungsfolgen hat, solange das Ganze auf theoretisch-philosophischer Ebene bleibt, sogar einen gewissen Unterhaltungsfaktor, wie man an Abstimmungsspektakeln wie Ferdinand von Schirachs *Terror* (2015) sieht. In diesem Theaterstück bzw. im Fernsehfilm wird das Publikum dazu eingeladen, über Schuld oder Unschuld eines fiktiven Kampfjetpiloten zu urteilen, der ein entführtes Passagierflugzeug abschießt, um Schlimmeres zu verhindern.

Oder, um ein ziviles und alltägliches Beispiel zu nehmen: Ob sie ein Kind bekommen wollen oder nicht, entscheiden Paare meist autonom und selbstbestimmt, indem sie verhüten – oder eben nicht. Diese biographische Weichenstellung geschieht absichtlich, allerdings keineswegs leichtfertig. Auf vieles hat man ein vierzehntägiges Rückgaberecht, nicht aber auf den eigenen Nachwuchs.

Aller Vorbereitung zum Trotz und bei aller Handlungsautonomie: Freiheit kann eine Bürde sein. Dementsprechend ist zum Beispiel die Vorstellung, junge Frauen würden unter liberalen Abtreibungsgesetzen nicht mehr oder nachlässiger verhüten und »es im Zweifel halt wegmachen lassen«, nicht mehr als ein Märchen radikaler Abtreibungsgegner. Vor allem wissen wir, dass Mädchen und Frauen in Ländern, in denen Abtreibung illegal ist, es dennoch versuchen – unter lebensgefährlichen Umständen. Die Menschenrechtsorganisation Terre des Femmes schreibt: »Je liberaler die gesetzlichen Regelungen, desto sicherer ist ein Schwangerschaftsabbruch. In Ländern mit liberalen Abtreibungsgesetzen gelten 90 Prozent der Abbrüche als sicher, aber nur 25 Prozent in Ländern, in denen sie verboten sind.«[29] Autonomie ist also nicht mit Leichtigkeit zu verwechseln. Und da, wo es verboten ist, riskieren viele es trotzdem. Junge Teenager wie Michelle stehen vor einer schwierigen Entscheidung. Freiheit kann zur Qual werden.

WAS IST AUTONOMIE?

Ähnlich wie »Freiheit« ist »Autonomie« ein Begriff, der in unserer Alltagssprache ganz selbstverständlich verwendet wird. Sobald wir aber um eine präzise Begriffsbestimmung gebeten werden, wird es schnell knifflig. An den vorangegangenen Beispielen sieht man deutlich: Autonomie ist eine Eigenschaft von Menschen. Eine Eigenschaft, die mit Handlungen zu tun hat. Soll ich abtreiben? Im Kriegsfall das Land verlassen? Mich impfen lassen? Das Klima schützen? Oder lieber doch nicht? »Freiheit ist ein in vielerlei Hinsicht umstrittener Begriff, aber wer sollte schon frei sein, wenn nicht ein Individuum, und worin anders sollte sich Freiheit entäußern als in ihren Handlungen?«, schreibt Politikwissenschaftler Christoph Möller treffend.[30] Wer autonom ist, hat die Möglichkeit, im weiteren Sinne frei zu handeln. Und wer frei handelt, ist autonom.

Aber was bedeutet das, frei handeln? Die Frage, ob wir frei handeln können oder nicht, beschäftigt Philosophen seit Jahrtausenden. Noch immer konkurrieren unterschiedliche Ansichten. Die einen sehen uns als höchst willensfreie Wesen, die unabhängig entscheiden. Die anderen sehen im Menschen ein von klein auf determiniertes Wesen, das lediglich der Illusion eines freien Willens unterliegt. Die einen sagen also, wir seien wirklich frei, die anderen, wir fühlten uns lediglich frei, seien aber in Wahrheit vorherbestimmt durch Gene, Neuronen, Gott oder das Schicksal. Das Gute: Um Autonomie besser zu verstehen, müssen wir uns nicht in die Tiefen der Willensfreiheitsdebatte begeben. Es reicht, festzuhalten, dass wir uns praktisch als frei erleben. Ob ich jetzt meine beste Freundin anrufe, mir ein Glas Wasser hole oder eine Auslandsreise buche – dies alles kann ich recht selbstbestimmt tun, ganz egal, wie die wissenschaftliche Debatte zur Willensfreiheit momentan verläuft.

»Autonomie« kommt vom griechischen Wort *autós,* was »selbst« bedeutet, *nómos* meint das »Gesetz«. Die Autonomie ist also wortwörtlich nichts anderes als die Eigengesetzlichkeit oder die Selbstgesetzgebung. Autonomie ist das, was wir in der Alltagssprache Selbstbestimmung, Unabhängigkeit oder eben Freiheit nennen. Sie ist, ebenso wie die benachbarten Freiheitsbegriffe, eng verwoben mit Kontrolle. Autonom handele ich nur dann, wenn ich meine Handlungen kontrollieren kann, wenn ich auch das Gegenteil tun könnte. Diese Überlegung wirft zum Beispiel die legitime Frage auf, ob unsere Raucherin, Frau Liebermann, wirklich autonom handelt. Immerhin ist Rauchen eine Sucht und als solche eine Abhängigkeit, das heißt das Gegenteil von Unabhängigkeit, eine Fremdbestimmung. Wenn Frau Liebermann weiterraucht, tut sie dies scheinbar autonom, aber nur, solange sie es auch will. Brenzlig wird es, sobald sie ihre Wünsche und Überzeugungen ändert. Stellen wir uns vor, Frau Liebermann sagt eines Tages: »Sollte ich vielleicht doch aufhören? Meine Klamotten stinken, ich bin kurzatmig, und irre viel Geld kostet es mich obendrein.« Ein Sinneswandel stellt sich bei ihr ein.

Doch so einfach ist das Ganze nicht. Ihr Entschluss ist das eine, der erste Schritt ist getan. Das andere ist die Frage der Kontrolle. Süchte sind ja gerade deshalb Süchte, weil sie die menschliche Kontrolle maximal beeinflussen. Die Zigarette nach dem Essen, zum Kaffee oder in der Pause wegzulassen, wird Frau Liebermann anfangs sehr schwerfallen. Von jenen, die versuchen, mit dem Rauchen aufzuhören, sind ein Jahr nach dem Entschluss lediglich noch 3 bis 7 Prozent abstinent.[31] Der Rest hat sein Rauchverhalten nicht so gut unter Kontrolle, was weniger mit charakterlichen Defiziten zu erklären ist als vielmehr mit dem Suchtpotenzial von Tabak sowie mit der sozialen Akzeptanz des Rauchens. Das kenne ich aus eigener Erfahrung. Auch ich habe mit dem Rauchen aufgehört – nicht nur einmal.

An dem Beispiel von Frau Liebermann sehen wir: Mit der Selbstbestimmung ist es so eine Sache. Nicht immer ist der Feind der Selbstbestimmung und der Freiheit ein äußerer Feind. Manchmal sind wir es selbst, die unserer Freiheit im Wege stehen. Der Sozialpsychologe Harald Welzer und der Philosoph Michael Pauen schreiben in ihrem Buch *Autonomie. Eine Verteidigung*: »Autonomie ist keine Eigenschaft, die man entweder besitzt oder nicht, vielmehr scheint sie in unterschiedlichen Graden aufzutreten, so wie man mehr oder minder gut rechnen oder mehr oder minder gut Klavier spielen kann. Allerdings fällt es schon beim Rechnen und Klavierspielen oft schwer genug, festzustellen, was besser und was weniger gut ist. Wenn es um Autonomie geht, ist das noch ein ganzes Stück schwieriger.«[32]

Autonomie ist also ein grundlegendes Vermögen zur Selbstbestimmung. Die Möglichkeit, willensgemäß zu handeln, im Zweifel auch gegen Widerstände. Körperautonomie möchte ich folglich als jenen Teil der menschlichen Selbstbestimmung verstehen, der sich primär auf den eigenen Körper richtet und die Frage, was mit ihm geschieht – und was nicht.

DREI FORMEN DER KÖRPERAUTONOMIE

Körperautonomie bedeutet erstens, dass wir aktiv entscheiden, was wir selbst mit unserem Körper machen. Der Konsum von Drogen und Genussmitteln ist ein typisches Beispiel hierfür. Ein überzeugendes Argument der Cannabislegalisierungsbefürworter lautet, dass erwachsene Menschen die Entscheidung, ein vergleichsweise harmloses Betäubungsmittel wie Marihuana zu konsumieren, selbst treffen können sollten, ohne zu Straftätern zu werden. Bei der Volksdroge Alkohol, bei Bier, Wein und Schnaps ist der individuelle körperliche sowie der soziale Schaden erkennbar höher als bei Cannabis.[33] Trotzdem ist Alkohol ein omnipräsentes, sozial akzeptiertes Genussmittel, während Konservative Cannabis weiterhin jeder Empirie entgegen dämonisieren – nicht selten mit Maßkrug in der Hand. Entscheidungen für oder gegen Genussmittel bleiben persönliche Entscheidungen, autonome Konsumpräferenzen;

zumindest, solange wir die Abhängigkeitsproblematik ausklammern.

Konsumautonomie bedeutet allerdings auch: Zum Konsum gezwungen wird niemand. Es kann keine »Kiffpflicht« geben. Ebenso wenig gibt es eine Alkoholpflicht oder einen Zigarettenzwang.[34] Allein die Idee wirkt absurd. Konsumfreiheit soll, in einer liberalen Gesellschaft, ein Teil persönlicher Körperautonomie sein, Gegenstand individueller Lebensgestaltung.[35] Zwang ist das genaue Gegenteil.

FFP2-Masken-Pflicht, Nichtraucherschutzgesetze, Tabak- und Alkoholwerbeverbote sowie andere Schutzbestimmungen in Bereichen des öffentlichen Lebens können ebenfalls als Körperautonomieregelungen verstanden werden. Als freiheitlich-demokratische Gesellschaft schätzen wir die Vorstellung, dass jeder seinen körperlichen Nahbereich halbwegs wunschgemäß gestalten kann, solange die eigene Lebensweise andere nicht zu sehr beeinträchtigt – oder ihnen gar schadet. Der letzte Punkt ist elementar. Im Zweifel hat Schadensprävention Priorität gegenüber Autonomie.

Insofern ergibt es Sinn, den sozialen Nahbereich des Menschen durch Schutzbestimmungen abzusichern. Anders als im 20. Jahrhundert muss es sich heute niemand mehr gefallen lassen, widerwillig vollgeraucht zu werden. Gemeinwohlfördernde Regeln zur Schadensminimierung sind im besten, im eigentlichen Sinne liberal. Genauer gesagt: sozialliberal. Während der Liberalismus die Freiheit primär – und schlimmstenfalls ausschließlich – vom Individuum her denkt, denkt der Sozialliberalismus in Kategorien individueller Freiheitsräume, aber zusätzlich mit Bezug auf das Wohlergehen und die Freiheit anderer. Anders formuliert: Die sinnvolle Einschränkung schädlicher oder gefährlicher

Verhaltensweisen ist Aufgabe guter Politik und wirkt schließlich insgesamt freiheitsfördernd, was im eigentlichen Sinne liberal ist. Womit wir beim zweiten Aspekt wären.

Körperautonomie heißt zweitens, jenseits aktiver, wunschgemäßer Lebensgestaltung, ein Wörtchen dabei mitzureden, was mit einem selbst gemacht wird (passiv). So kann Jonas, unser Krankenpfleger aus dem Beispiel oben, eine berufsbezogene Corona- oder Masern-Impfpflicht vielleicht nicht final umgehen. Er kann schlecht sagen: »Ja, gut, ich bin Krankenpfleger, aber für mich gilt diese Pflicht nicht, die für alle anderen Krankenpfleger gilt, bloß weil ich es nicht will.« Denn der eigene Wille zur Teilnahme spielt eine untergeordnete Rolle bei der Motivation. Während es Ausnahmen geben mag (zum Beispiel eine medizinische Vorgeschichte, die gegen eine Impfung spricht), so haben es Pflichten an sich, für die Gesamtheit einer Gruppe zu gelten; insofern auch für Jonas, der zur Gruppe »Krankenpfleger« zählt, für die eine Impfpflicht gilt.[36]

Ferner liegt ein Großteil der Motivationskraft in der sozialen Verpflichtung selbst. Die eigene Zustimmung ist gar nicht notwendig. Im Pflichtfall wirken bei Zuwiderhandlung nämlich Sanktionen. Allein aus der Tatsache, dass Jonas Krankenpfleger ist und für Krankenpfleger bestimmte Regeln gelten, folgt, dass diese Regeln auch für Jonas gelten. Seine Zustimmung ist überflüssig. Würden wir allen Regeln, die für uns gelten, erst aktiv zustimmen müssen – wir wären den halben Tag mit Regel-Lernen beschäftigt und die andere Hälfte des Tages mit Nicken und Kopfschütteln.

Daraus folgt allerdings nicht, dass Krankenpfleger Jonas keine Wahl bliebe. Er kann den Arbeitgeber oder gänzlich den Beruf wechseln, sofern ihm die beruflichen Umstände, die Regeln und die Pflichten seines jetzigen Arbeitsplatzes nicht zusagen. Vielleicht gibt es Weiterbildungen, die für ihn infrage kommen. Womöglich kann er tatsächlich untersuchen lassen, ob er für eine der seltenen Ausnahmen infrage kommt. Tatsächlich mussten Pflegekräfte wie Jonas, die sich nicht gegen Corona impfen lassen wollten, einfach nur das Auslaufen der einrichtungsbezogenen Corona-Impfpflicht abwarten. Eine Masern-Impfpflicht für Arbeitnehmer an Krankenhäusern, Arztpraxen, Kitas, Schulen usw. besteht weiterhin.

Alles, was wir im weiteren Sinne als Pflicht verstehen, wirkt strukturell von außen auf uns ein. Mein Körper ist Gegenstand von Pflichten, Regeln und, damit verbunden, bestimmten sozialen Erwartungen. Die Gurtpflicht regelt, dass ich einen Gurt anlegen muss, wenn ich mich in einem sich fortbewegenden Kraftfahrzeug aufhalte. Für Busfahrerinnen, Lokführer oder Pilotinnen ist ein Sehtest beim Betriebsarzt obligatorisch. Wenn ich ein Flugzeug besteigen möchte, geben Sicherheitsregelungen es vor, dass ich mich mit gespreizten Armen in einen Körperscanner stelle, während Flughafenpersonal beurteilt, ob ich gefährliche Gegenstände bei mir habe; zudem muss ich mein Gepäck durchleuchten, Waffen und spitze oder entflammbare Gegenstände zu Hause lassen usw. Dies sind alles Regeln und Pflichten, die mich und meinen Körper betreffen und meine Freiheit einschränken – allerdings dann und nur dann, wenn ich mich selbst autonom in diese soziale Situation begebe.

Man selbst bleibt also am Steuer. Niemand zwingt mich, Krankenpfleger (Masern-Impfpflicht) oder Lokführerin (Sehtest) zu werden. Niemand zwingt mich, ein Auto oder ein Flugzeug zu besteigen. Aber wenn ich es tue, dann wird unter dieser sozialen Voraussetzung ein Regelwerk angewandt, das meine Körperautonomie praktisch einschränkt. Und zwar aus guten Gründen, denn niemand will von einem blinden Piloten befördert werden oder Bomben im Flugzeug. Sich selbst in diese Situationen zu begeben, gilt als billigendes Einverständnis zu den involvierten Spielregeln und Pflichten. Aus diesem Grund ist es wichtig, Regeln explizit transparent zu machen und allen, die damit zu tun haben werden, zu kommunizieren. Bekanntlich schützt Unwissenheit nicht vor Strafe. Insofern muss derjenige, der die Regeln aufstellt oder vertritt, alles tun, um den Beteiligten die Spielregeln vorab klarzumachen.

Wir sehen Körperautonomie also, erstens, als persönliche Konsum-, Gestaltungs- und insgesamt Lebensführungsautonomie. Diese wird, zweitens, von sozialen Spielregeln eingegrenzt und umrahmt. Wir sind zwar souveräne Player, aber nicht im luftleeren Raum; wir agieren in einer Gesellschaft, die von den Gesetzen wechselseitiger Erwartung geprägt ist.

Die dritte Form der Körperautonomie lässt sich an unserem Ampelbeispiel gut verdeutlichen. Denken wir noch einmal zurück:

> Eine belebte Straße in Berlin, an normalen Tagen ist sie vielbefahren. Als die Ampel gerade auf Rot schaltet, stürmen mehrere junge Menschen die Kreuzung. Sie tragen Warnwesten und Transparente. Auf einem steht: »Was, wenn die Regierung die Klimakrise nicht im Griff hat?« Bevor die an der Ampel stehenden Autofahrer verstehen, was passiert, entsteht nicht bloß eine Sitzblockade – die Klima-Aktivisten haben sich obendrein festgeklebt.

Die Aktivistinnen der Letzten Generation sorgten ab dem Jahr 2022 für viel Aufsehen und ein großes mediales Echo. In manchen Teilen der Bevölkerung kam es zu Empörung, mitunter sogar zu Gewalt seitens aufgebrachter Autofahrer: »Was fällt denen ein, unsere Straßen zu blockieren?!« Der Streit um die Letzte Generation dreht sich um gute Absichten, ehrenvolle Ziele – immerhin geht es ihnen um den Erhalt des Planeten als Lebensraum aller – und die Verhältnismäßigkeit der Protestform. Viel debattiert wurde der Fall einer Radfahrerin, die unter einem Lkw eingeklemmt war, während ein spezielles Rettungsfahrzeug mehrere Kilometer entfernt im Stau stand; schlussendlich ergab die Untersuchung der Staatsanwaltschaft, dass das Spezialfahrzeug keinen Unterschied gemacht hätte und die Demonstrantinnen den später eingetretenen Tod der Radfahrerin keineswegs zu verantworten hatten.[37] Die Berliner Feuerwehr kritisierte zudem, dass das Bilden einer Rettungsgasse nicht funktioniert habe.[38]

Von der Diskussion um die Verhältnismäßigkeit abgesehen: Die Letzte Generation ist ein Kollektiv, das als solches natürlich aus einzelnen Menschen mit einzelnen Körpern besteht (trivialer Individualismus). Ihr Projekt wächst allerdings über einen trivialen Individualismus hinaus, indem es ein gemeinsames kollektives Ziel gibt, das die Gruppe als Gruppe verfolgt, sowie eine gemeinschaftliche Methode, mit der sie vorgeht. Das gemeinschaftliche Festkleben soll, als Störung des öffentlichen Lebens, auf die Dringlichkeit der Klimakrise hinweisen. Der eigene Körper wird zum Instrument politischer Auseinandersetzung. Obendrein definiert eine Wir-Identität, wer die Gruppe als Gruppe ist. Erst als gruppierte Menge von Aktivistinnen entsteht eine kollektive Identität. Diese Identität hat auch organisatorische sowie handlungspraktische Gründe – ein einzelner Mensch kann mit seinem Körper keine Straße blockieren.

In einem gewissen Sinne haben wir es hier mit einer Gesellschaftsanalogie zu tun. Wir sehen verschiedene Ichs, die zum gemeinschaftlichen Wir werden, indem sie kollektiv interagieren und eine Gruppe bilden, bei der jeder einerseits Gruppenmitglied ist, zudem aber über die bloße Gruppenmitgliedschaft hinauswächst. Das Ganze ist bekanntlich mehr als die Summe seiner Teile. Die Gruppe ist mehr als die Summe ihrer Mitglieder. Die Gesellschaft ist mehr als die Summe ihrer Menschen. Die Letzte Generation ist mehr als ein paar Festkleber.

Die gewählte Protestform ist wiederum keineswegs neu. Gewaltfreie Sitzblockaden sind in Deutschland spätestens seit der Anti-Atomkraft-Bewegung der 1980er ein wiederkehrendes Werkzeug politischer Auseinandersetzung. Schon zuvor waren Sitzblockaden ein Mittel der Wahl der 68er-Bewegung. Ebenfalls ein halbes Jahrhundert alt ist die Diskussion um Legitimität und Status körperlicher Blockaden. Für die einen legitime Säule gewaltfreier politischer Interessenvertretung; für die anderen, oft die Blockierten, nichts anderes als Nötigung. Fest steht, die Protestform Sitzblockade ist aus soziologischer Perspektive klassisch, wiederkehrend und etabliert.

Eine weitere, wenn auch andere Ausprägung körperlich-instrumenteller Autonomie erleben wir bei den landesweiten Protesten im Iran seit Herbst 2022. Sie richten sich gegen die autoritäre islamistische Regierung. Auslöser war das angeblich nicht »richtig« getragene Kopftuch der jungen Jina Mahsa Amini. Die 22-Jährige wurde von der sogenannten

Sittenpolizei tödlich verletzt. Die Proteste zeigen, wie groß das gesamtgesellschaftliche Bedürfnis nach Gleichstellung und körperlicher Selbstbestimmung ist. Sinnbild wurde das Kopftuch – die selbstgewählte Entscheidung, es zu tragen beziehungsweise es abzulegen.

Das Kopftuch ist eine äußere, religiös begründete soziale Erwartung. Sie wird innerhalb eines religiösen Wertesystems normiert und tradiert; und an das Individuum herangetragen. Problematisch wird es dann, wenn diese religiöse Erwartung mit Gewalt forciert wird, auch gegen den Willen einzelner Frauen, die – körperautonom – das Kopftuch ablegen wollen. Vor diesem Hintergrund ist es falsch, Kopftuch-Trägerinnen grundsätzlich als unterdrückt und fremdbestimmt zu bezeichnen. Dies ist ein unzutreffendes, vor allem rechtspolitisches Narrativ. Als Ausdruck persönlicher Autonomie und eigener, individueller Frömmigkeit ist ein Hijab, ähnlich wie eine Kippa oder ein als Kette getragenes Kreuz, eine Möglichkeit, seine Religionsfreiheit auszuleben und sich zu seinem Glauben zu bekennen – zumindest in einer freiheitlichen Demokratie wie Deutschland.[39] Im Iran ist das definitiv anders. Daher sind die dortigen Proteste, die sich stellenweise zu richtigen Revolten entwickeln, durchaus gerechtfertigt. Die iranischen – ähnlich wie die Mitglieder der Letzten Generation –, oft jungen Demonstrantinnen nutzen ihre Körper als politische Druckmittel, als bürgerliche Bewegungsmasse.

Wie wichtig Körperlichkeit ist, sieht man auch hierzulande immer wieder. Online-Petitionen, die zum Beispiel hunderttausende Unterschriften haben, verpuffen leicht in der politischen Wahrnehmung. Doch Demonstrationen und Proteste, bei denen die Menschen auf die Straße gehen, verpuffen nicht. Die Eigendynamik von Großgruppen hat sogar mitunter den Effekt, dass Teilnehmerinnen ihre eigene Gruppengröße überschätzen, sei es fahrlässig oder strategisch. Dies geht bis ins Groteske: Zu Beginn der Corona-Pandemie machten die sogenannten Querdenker, als sie durch Berlin marschierten, aus etwa 17000 dokumentierten Teilnehmerinnen in ihrer eigenen Nachbereitung kurzerhand 1,3 Millionen.[40] Das erinnert an Donald Trump, der nach seiner Amtseinführung bekanntlich seinen Sprecher Sean Spicer in verbittertem Ton lügen ließ, sein Amtseinführungspublikum sei »das größte eines Präsidenten jemals gewesen. Punkt!« Faktisch konnte man im Fotovergleich mühelos erkennen, dass bei Barack Obamas Amtseinführung ein größeres Publikum zugegen war.

Körperlichkeit macht in der Wahrnehmung einen immensen Unterschied. Wir sind darauf angewiesen, Menschen zu sehen. Einfach zu wissen, dass sie da sind, reicht nicht. Bei der instrumentellen Körperautonomie wird Körperlichkeit also inszeniert und erlebt, um einen Maximaleffekt zu erzielen.

Wo Autonomie endet und wo der gesellschaftliche Erwartungsraum beginnt, lässt sich wiederum nicht starr voneinander abgrenzen. Manches spielt sich zwischen den Körperautonomie-Ebenen ab. Körperliche Hygiene ist hierfür ein gutes Beispiel. Niemand schreibt mir vor, ob ich morgens, nachmittags oder abends dusche oder ob ich zweimal oder dreimal täglich die Zähne putze oder wann ich mir die Fingernägel schneide; dass man allerdings regelmäßig duscht, nicht aus dem Mund stinkt und halbwegs gepflegte Hände und Fingernägel hat, ist Gegenstand sozialer Normierung.[41]

Darüber hinaus: Menschen, die nicht die normativen Erwartungen hinsichtlich der persönlichen Körperhygiene erfüllen, müssen durchaus mit Sanktionen rechnen. Zwar gibt es kein Gesetz, saubere Fingernägel zu haben, doch mit außergewöhnlich dreckigen Händen wird man schnell gemieden – das Tinder-Date wird schnell fliehen, sobald man müffelt. Ebenso ist die Tatsache, dass man zum Beispiel zu einem Vorstellungsgespräch geduscht und gewaschen erscheint, so selbstverständlich, dass sie in den meisten Karriereratgebern keine Erwähnung findet. Auch in Stellenausschreibungen steht davon nichts.

Was erwartet wird, was sich gehört, was man macht, was man lässt – all dies dies ist keineswegs statisch. Soziale Erwartungen sind Gegenstand langsamer, aber permanenter Evolution. Diese immaterielle evolutionäre Dynamik sieht man insbesondere im kulturgeschichtlichen Wandel körperautonomer Vorstellungen. Was vor ein paar Jahrzehnten noch völlig normal erschien, wirkt heute übergriffig oder vulgär – falls es überhaupt noch erlaubt ist. Werfen wir einen Blick in die Vergangenheit:

Im April 1974 verboten die Berliner Verkehrsbetriebe (BVG) das Rauchen in Bussen. Zum Glück war der Fernsehsender *RBB* zur Stelle, um ein paar zeitgenössische O-Töne einzufangen.[42] Jetzt, nur ein paar Jahrzehnte später, wirken die Menschen, die sich in den kurzen Interviews aufregen, geradezu unfreiwillig komisch. So sagt eine Frau: »Das finde ich empörend. Das ist ein Eingriff in meine Freiheit. Ich bezahle mein Fahrgeld wie jeder andere.« Über ihre vermeintliche Freiheitsberaubung entgeistert fährt dieselbe Berlinerin fort: »Dass man oben rauchen muss, ist okay. Aber dass man gar nicht rauchen darf, finde ich unverschämt!« Ein älterer

Herr mischt sich ein. Er sieht es gar als staatspolitische Aufgabe, den Bürgern allerorts das Rauchen zu ermöglichen: »Solange der Staat Steuern kassiert, nehme ich an, kann überall geraucht werden.« Anschließend meldet sich ein Mann mittleren Alters mit einer innovativen Idee zu Wort: »Extra-Bus für Raucher und Extra-Bus für Nichtraucher, das ist meine Meinung.«

Ein kurioses Zeitdokument. Diese Meinungen sind aus der Zeit gefallen, obwohl unsere Raucherin, Frau Liebermann, bestimmt hier und da zustimmend nicken würde. Und selbst ich bin alt genug, um Anfang des Jahrtausends in Zügen – und heute unvorstellbar: Sogar in Flugzeugen, in den letzten Reihen, ganz hinten, war es erlaubt – geraucht zu haben. Ob ich eine Abschaffung befürwortete? Keiner hat mich gefragt. Irgendwann wurde das Qualmen im Flugzeug verboten, und die Raucherabteile verschwanden aus den Regionalzügen. Daran sehen wir, dass ein kultureller Normenwandel keineswegs das explizite Einverständnis aller Beteiligten erfordert, sondern ein implizit kollektiver Vorgang ist.

AUTONOMIE VS. AUTONOMISMUS

Wir streben also nach Autonomie, wir sehen sie als wünschenswert an. Autonomie gehört zur modernen Freiheit dazu. Der Wunschzustand: ein pragmatisches Konzept von Autonomie, welches die individuellen Freiheiten, das eigene Leben zu gestalten, berücksichtigt, während es zugleich die Autonomie und Freiheit der anderen respektiert. Eigenverantwortung nach dem Prinzip: Meine Freiheit endet dort, wo deine beginnt. Das wäre im besten Sinne liberal. Und in einer besseren Welt würde mein Buch an dieser Stelle enden. Doch die Wahrheit ist, dass viele Menschen sich selbst nur zu gerne als große Freiheitsfreunde inszenieren, jedoch ausschließlich ihre grenzenlose Ich-Freiheit zelebrieren.

Um diesen wichtigen Unterschied zu markieren, möchte ich Autonomie von dem abgrenzen, was ich »Autonomismus« nenne. Wenn wir Autonomie als wünschenswertes Selbstbestimmungskonzept definieren, das uns dazu befähigt, die Grenzen anderer wahrzunehmen und umfassend zu respektieren, ist Autonomismus das Gegenteil. Er ist der radikalisierte Autonomiegedanke – Freiheit auf Speed! Autonomismus meint, dass mein eigenes autonomistisches Freiheitsstreben so gut wie jegliches legitime Fremdinteresse überschreibt. Wer autonomistisch denkt, maximiert das individuelle Freiheitsstreben bis ins Toxische. Ohne Rücksicht auf Verluste. So argumentieren zum Beispiel jene, die gegen ein Tempolimit und für grenzenlose Raserei auf deutschen Autobahnen eintreten, autonomistisch. Sie priorisieren ihre eigene Hochgeschwindigkeitsfahrt, nicht die Gefährdung anderer – und nicht den Schutz der gemeinsam bewohnten Umwelt. Nüchtern betrachtet, ist jedoch der einzige Ort, an dem Raserei gleichbedeutend ist mit Freiheit, nicht die Autobahn, sondern die Rennstrecke.[43]

Der Autonomismus kennt vor allem einen einzigen Trick: Wer den eigenen Egoismus moralisch anpinseln will, muss »Freiheit« statt »Egoismus« sagen. Das vorgelagerte Individualinteresse wird auf diese Weise maskiert. Der Autonomist schiebt eine vermeintliche Werteorientierung in den Vordergrund: »Ich will doch nur Freiheit! Für uns alle!« Et voilà, aus Egoismus wird Selbstbestimmung. Aus Ellenbogenmentalität wird Autonomie. Nicht wenige fallen auf diesen Hütchenspielertrick rein. Fakt ist: Wenn jeder an sich denkt, ist eben *nicht* an alle gedacht. Stattdessen entsteht ein soziales Vakuum.

Nirgendwo sah man das so deutlich wie während der Corona-Pandemie. Über Freiheit und Selbstbestimmung während der Pandemie ließe sich mühelos ein eigenes Buch schreiben, weswegen ich mich auf einige wesentliche Punkte konzentriere. Zum Beispiel: Autonomisten verzerrten während der Pandemie jegliche Vorsicht schnell zur »Panikmache«. Maske in engen Räumen? Panikmache! Größere Veranstaltungen absagen? Panik! Kurzerhand wurde alles zur freiheitsfeindlichen Panikhandlung deklariert, was die individuelle Selbstbestimmung auch nur ansatzweise tangierte. In Zeiten einer internationalen Notlage wahrlich nicht die beste Idee.

Ellenbogenmentalität gab es allerdings auch im »Team Vorsicht«. Denken wir an das Phänomen der »Impfdrängler«, also jene Menschen, die sich bei Einführung der Corona-Impfung – jenseits sinnvoller medizinischer Priorisierung – an der Wartereihenfolge vorbeimogeln wollten oder sich tatsächlich vorbeimogelten.[44] Was hier priorisiert wurde, war vor allem die eigene Freiheit und Sicherheit gegenüber der Freiheit und Sicherheit anderer. Ich persönlich hatte einen Streitmoment mit einem sehr guten Freund, weil dieser – Mitte dreißig, gesund, Homeoffice – zufällig durch Vitamin B zu einem irre frühen Zeitpunkt an eine Impfung kam, während unsere Elterngeneration, inklusive meiner eigenen Eltern, noch vergeblich auf Impfschutz gegen das damals noch aggressivere, gerade für Ältere überaus bedrohliche Coronavirus wartete. Der Streit wurde schnell beigelegt. Dennoch lag ihm eine unterschiedliche Vorstellung von Freiheitsräumen zugrunde.

Legendär sind auch die zahllosen Partys und Veranstaltungen, die durch George Orwells »Alle Tiere sind gleich, aber manche sind gleicher als die anderen«-Prinzip gefeiert wurden, während harte Kontaktbeschränkungen galten. Zu nennen sind runde Geburtstage deutscher Politiker[45] oder die »Partygate-Affäre«,[46] die zum Niedergang des damaligen britischen Premierministers Boris Johnson beitrug.

Nichts anderes als wirtschaftlicher Autonomismus sind die zahlreichen, aus Sicht der Mehrheitsgesellschaft moralisch verwerflichen, aber oft legalen »Maskendeals«, durch die einige wenige Entscheidungsträger vor allem zu Pandemiebeginn sensationelle Millionengewinne einkassierten, indem sie Maskenmangel und allgemein die Pandemie-Notlage clever ausnutzten.[47]

Alle genannten Handlungen zeichnen sich durch eine Priorisierung der ersten Person aus. Eine radikale Priorisierung der eigenen Bedürfnisse, oft zum Nachteil anderer. Exakt das ist mit »Autonomismus« gemeint. Es geht um Freiheit, aber um jeden Preis. Freiheit, die höchstens noch Spuren von Moral enthält. Autonomistische Denk- und Handlungsweisen sind aber kein reines Pandemiephänomen. Grenzübertritte in die Freiheitsräume unserer Mitmenschen sehen wir überall, sobald wir gezielt darauf achten.

Ein Beispiel: In Zeiten schmelzender Gletscher und schmelzenden Schnees ist das Betreiben und Bewirtschaften von Skigebieten eine Herausforderung. Während Kunstschnee vielerorts schon die Regel ist – klimatechnisch gesehen eine kümmerliche Tatsache, die der bayerische Politiker

Hubert Aiwanger mit »Auch Schneekanonen sind Freiheit!«[48] kommentierte –, ging der Schweizer Skiort Gstaad einen Schritt weiter und flog den Schnee kurzerhand per Helikopter an die Pisten.[49] Skispaß für die Gutbetuchten auf Kosten der Allgemeinheit. Freizeitautonomismus pur.

Ebenfalls dem Autonomismus zuzurechnen sind Privatjetflüge, da für sie weniger schädliche Alternativen bestehen. Und wo wir beim Verkehr sind: SUVs sind mittlerweile weniger sportliche Geländewagen als vielmehr urbane Privatpanzer. Fast 800 000 von ihnen wurden 2022 allein in Deutschland neu zugelassen.[50] Mit ihnen geht ein städtisches Wettrüsten einher. Für mich ist es im Fall eines Unfalls allemal besser, in einem hohen, gut gepanzerten Auto zu sitzen. Für Nicht-SUV-Fahrer – und Fußgänger und Fahrradfahrer ohnehin – sind SUVs allerdings eine Gefahr; eben weil sie so hoch, schnell und massiv sind. Eine autonomistische Wettrüstenlogik rät also: »Wenn du eins hast, brauche ich ebenfalls eins.« Der Kalte Krieg des Straßenverkehrs. Ausgeschlossen und gefährdet werden in diesem »Jeder denkt an sich«-Kreislauf all jene, die sich keinen Privatpanzer leisten können oder wollen. Hier sehen wir, dass Autonomismus vor allem ein An-Sich-Denken ist, jedoch keineswegs nur einen selbst betrifft. Der Egoismus des einen schadet den anderen. Die Verbesserung der Individuallage führt zur Verschlechterung der Gesamtlage. Ein Prinzip, das vor allem die Klimakrise prägt.

Bemerkenswert ist auch die Psychologie der Freiheit und des Freiheitsentzugs. Als autonomistischen Gegenprotest gegen den, aus seiner Sicht, vermeintlich radikalen Klima-Protest der Letzten Generation schrieb ein Berliner Anwalt: »Nehmt das Auto, statt der Bahn, fahrt im Sportmodus und schaltet Start-Stop-System aus. Heizt bei offenem Fenster und lasst die Lichter brennen, bis dieser Verein bereit ist, demokratische und rechtsstaatliche Grundsätze zu achten.«[51] Alles klar, du Freiheitskämpfer! Zeig es diesen Klimafuzzis! Endlich Recht und Ordnung! Die Psychologie nennt diese Art von Widerstandshandlung »Reaktanz«. Auf eine Beschneidung der Freiheitsräume reagieren wir manchmal mit Fluchen und Strampeln. Kurzerhand: mit Trotz. An sich keine schlechte Eigenschaft, um Freiheitsräume zu konservieren. Würden wir stets klein beigeben, wären wir vermutlich schnell entmachtet. Die Frage ist dennoch: Verteidigung um jeden Preis? Sollte ich mich, sobald nicht alle sofort nach meiner Pfeife tanzen, wie ein Vierjähriger benehmen, der sich im Supermarkt schreiend auf den Boden wirft?

Wohl kaum. Nicht jeder Kampf lohnt sich, nicht jede Trotzreaktion ist verhältnismäßig. Wer bei jeder Einschränkung gleich austickt, hat selbst ein Problem – und ist ein Problem für andere. In Wahrheit lohnt sich das Differenzieren. Der Unterschied zwischen einem Eingriff und einem Übergriff liegt ja gerade in seiner ethischen wie politischen Legitimität. Der Autonomist übersieht diesen Unterschied leider. Für ihn ist jede Veränderung der herrschenden Freiheitsverhältnisse automatisch ein Übergriff, auf den es mit Reaktanz zu reagieren gilt. Die Differenzierung versagt, der Trotz gewinnt.

Denken wir an den AfD-Politiker Thomas Seitz, der Ende 2020 aus Protest gegen die Maskenpflicht im Bundestag mit einer durchlöcherten Maske erschien (und nur Wochen später mit einem schweren Corona-Verlauf im Krankenhaus lag),[52] oder jenen Herrn, der sich auf einer Kasseler »Querdenker«-Demo in bilderbuchartiger Reaktanz einen Damenslip spöttisch über den Kopf zog.[53] Reaktanz wie aus dem Lehrbuch ist auch »Fridays for Hubraum«, eine Facebook-Gruppe, die ein westfälischer Kfz-Meister und Autotuner gegründet hatte, um sich – gemeinsam mit Tausenden anderen Pkw-Begeisterten – über Fridays for Future lustig zu machen. Mein persönlicher Favorit der Trotz-Peinlichkeiten: Menschen, die als libertäre Gegenreaktion zu einer gefühlten, aber in Wahrheit inexistenten »Cancel Culture« anfingen, lautstark das gleichnamige Ballermannlied über die Puffmutter Layla zu grölen. Ballermannmasochismus für den eigenen Freiheitsfetisch.[54] Was diese Menschen alle gemeinsam haben? Ihr Trotz zielt ins Leere. Sie bewirken damit nichts. Der Berliner Anwalt hat seinen Kindergartentweet mittlerweile gelöscht. Ob er noch bei offenem Fenster heizt, ist nicht bekannt.

Wie wir im Verlauf dieses Buches immer wieder sehen, sind die Grenzen der Freiheit fließend und keineswegs eindeutig. Autonome Entscheidungen können soziale Erwartungen nicht immer aushebeln. Im Gegenteil, allerorts begegnen uns die sozialen Leitplanken weniger als Schikane und vielmehr als notwendige Systematisierung des Soziallebens, insbesondere in Krisenzeiten. Gerade weil autonomistische Prinzipien der Eigenverantwortung in kritischen Momenten versagen, muss ein Mindestmaß an Krisenmanagement her – ob diese Krise nun »Corona« heißt oder »Klima«. Und ein Krisenmanagement, das grundsätzlich am Körper der Menschen kentert, ist kein gutes Krisenmanagement. Darüber hinaus wäre Fortschritt schlichtweg unmöglich, würden wir notwendige Verhaltensänderungen sofort unterlassen, nur weil irgendjemand trotzt, motzt, poltert und strampelt.

Es geht also darum, Kriterien legitimer politischer Grundrechtseingriffe zu erarbeiten. Im politischen Diskurs der Corona-Pandemie wurden unter anderem folgende Legitimitätskriterien genannt: Maßnahmen, die während einer Krise wesentliche Freiheiten beeinflussen und das körperliche Verhalten der Bürger und Bürgerinnen normieren, müssen erstens wirksam, zweitens erforderlich und drittens verhältnismäßig ein. Das erste Kriterium bedingt, dass das, was angeordnet wird, auch effektiv ist.

Lange wurde zum Beispiel über die Rolle des Maskentragens in der Pandemie gesprochen. Während ganz zu Beginn der Pandemie Unsicherheit herrschte, ob Maskierung überhaupt notwendig sei, wurde eine Maskierung schließlich empfohlen und in bestimmten Lebensbereichen zeitweise sogar obligatorisch. Jetziger Stand der Forschung ist, dass Masken, vor allem richtig getragene FFP2-Masken, einen guten Schutz vor allen möglichen Atemwegserkrankungen bieten, inklusive Corona; die Schutzwirkung maximiert man, indem alle Anwesenden Masken tragen, und zwar richtig sitzend. Gleichwohl können Masken ein Infektionsrisiko nur situativ vermindern und nicht gänzlich verhindern. Mit diesen Wirksamkeitsgedanken im Hinterkopf gilt es, über das persönliche Tragen einer Maske zu entscheiden und, auf politischer Ebene, über die Legitimität von Maskenpflichten.

Zweitens gilt es, invasive Regelungen auf ein notwendiges Minimum zu beschränken. Entgegen der Querdenkerlogik war bei keinem Regierungspolitiker während der Corona-Pandemie eine Lust am Sanktionieren oder Freude beim Beschneiden des öffentlichen wie privaten Lebens erkennbar.

Niemand hat sich über den Lockdown gefreut, auch Maßnahmenbefürworter und das selbsternannte »Team Vorsicht« nicht. Alle Beteiligten sahen in den politischen Pandemiemaßnahmen ein notwendiges Übel als Reaktion auf eine von niemandem herbeigesehnte Notlage. Das Beste aus einer schwierigen Situation machen zu wollen, heißt jedoch keineswegs, dass man sich über sie freut.

Drittens sorgt das Verhältnismäßigkeitsgebot für eine Ausgewogenheit der Maßnahmen. Dass dies rückblickend nicht durchweg gelungen ist, stimmt. Denken wir an längere Schulschließungen, die, wie auch der Deutsche Ethikrat anerkannte,[55] besonders Kinder und Jugendliche belastet haben; oder das kurzzeitige skurrile Verbot zu Beginn der Pandemie, allein auf einer Parkbank zu sitzen; retrospektiv unnötig erscheint ebenfalls die vom Hamburger Senat erlassene Maskenpflicht für Joggerinnen und Jogger an der Alster. Alles in allem bietet das Verhältnismäßigkeitskriterium immenses Streitpotenzial. Insbesondere an der Frage, ob die Maßnahmen (Maskenpflicht, Abstandsgebote, 2G-Regelungen usw.) verhältnismäßig und somit angemessen waren, entzünden sich die Gemüter.

Ich vertrete die Auffassung: In den allermeisten Fällen waren die coronabedingten Freiheitseinschränkungen und die Regelungen, die auch unsere körperliche Freiheit betrafen, mit Augenmaß und vor allem jeweils situationsangemessen getroffen, nach damaligem Kenntnisstand. Die Maßnahmen waren zum jeweiligen Zeitpunkt notwendig, geboten und verhältnismäßig. Es gab, auch wenn einige Radikalisierte hier widersprechen, niemals autoritär-totalitäre Maßnahmen, wie sie zum Beispiel in China an der Tagesordnung waren. Nicht mal einen »richtigen« Lockdown gab es – das

Wirtschafts- und Sozialleben ging zwar in einen temporären Minimalbetrieb über. Dauerhafte und vor allem wirklich kontrollierte und sanktionierte Ausgansssperren gab es jedoch kaum.

Allgemein gilt: Jetzt, in der Rückschau, notwendige und meist verhältnismäßige Maßnahmen zur überflüssigen totalitären Drangsalierung zu erklären, ist nicht nur falsch, sondern perfide. Wir sind – verlustreich wohlgemerkt – durch die Pandemie gekommen, gerade weil es präventive Schutzmaßnahmen gab, die Schlimmeres verhindert haben. Sehr wohl mag man punktuelle Entscheidungen rückblickend kritisieren und einiges für die Zukunft verbessern. Wer jedoch hinterher behauptet, dies alles wäre keineswegs nötig gewesen, fällt, wenn nicht gar der eigenen politischen Niedertracht (Stichwort »Querdenker«, AfDler usw.), dann dem Präventionsparadox zum Opfer. Wir sehen nicht, was verhindert wurde, eben weil es verhindert wurde. Weil der ausgebliebene Schaden unsichtbar ist, liegen Erfolg und Tragik der Prävention nah beisammen. Und dies verleitet manche Mitbürger zum Denkfehler, in Wahrheit sei alles halb so wild gewesen.

Erinnern wir uns an meinen fiktiven Krankenpfleger Jonas aus dem Beispiel zu Beginn dieses Kapitels. In Anbetracht des bisher Gesagten: Wie ist sein Pochen auf Autonomie zu bewerten? Und seine Weigerung, sich an die damals geltende einrichtungsbezogene Impfpflicht zu halten? Um seinen Widerwillen, sich impfen zu lassen, besser einzuordnen, betrachten wir zunächst die medizinische Sachlage.

Eine Impfung gegen SARS-CoV-2 bietet einen umfassenden Schutz gegen schwere Verläufe, das heißt Verläufe mit

Hospitalisierung oder Tod als Folge. Die Virus-Weitergabe ist jedoch, wenn überhaupt, nur eingeschränkt vermindert. Ausschlaggebend für die Impfpflicht im Krankenhaus sind die systemrelevante Tätigkeit und der Umgang mit vulnerablen Gruppen. Oberste Priorität der gesamten Pandemiepolitik war es, das Gesundheitssystem – und die Gesellschaft als solches – vor einem Kollaps zu bewahren. Angesichts der Tatsache, dass die Corona-Impfung vor schweren Verläufen, insbesondere bei Risikogruppen, effektiv schützt, können wir davon ausgehen, dass geimpfte Pflegekräfte und, allgemein, geimpftes medizinisches Personal nach einer Corona-Infektion schneller wieder an ihren Arbeitsplatz zurückkehren können; ein Totalausfall ihrer Arbeitskraft ist zudem unwahrscheinlicher, weil die Impfung einen guten Grundschutz bietet. Insbesondere die Gefahr von Long Covid, das bekanntlich in schlimmen Fällen zur Arbeitsunfähigkeit führt, ist minimiert.

Wir haben also zwei unterschiedliche ethische Güter abzuwägen: einerseits Jonas' körperliche Selbstbestimmung, andererseits sein beruflicher Beitrag zum lebenswichtigen Gesundheitssystem. Ein Argument für Jonas' körperliches Selbstbestimmungsrecht ist, dass Arbeitgeber und Gesellschaft ihm auch in anderen Belangen nicht zu sehr in die persönliche Autonomie hineinregeln. So gibt es zum Beispiel kein privates Rauchverbot für medizinisches Personal, obwohl Rauchen die Gesundheit definitiv gefährdet; und somit langfristig ihren Systemerhaltungsbeitrag. Es gibt auch kein Bungee-Jumping-Verbot für Jonas oder andere systemrelevante Arbeitskräfte. Risikosportarten oder riskante Hobbys fallen in den Privatbereich. Sein Arbeitgeber darf Jonas auch nicht regelmäßig auf eine Waage stellen und abmessen, ob sein Body-Mass-Index (BMI) noch in den gesunden Normalbereich fällt.

Eine dystopische Gesellschaft, die bis in den letzten Winkel des Privaten hineinregelt, beschreibt Juli Zeh in ihrem Roman *Corpus Delicti* (2009). Er spielt in einer zukünftigen Gesundheitsdiktatur, in der ein Überwachungsstaat rigoros das Leben seiner Bürger bestimmt; man muss ein Sportprogramm erfüllen, einwandfreie Blutwerte haben usw. Der gläserne Bürger wird von einem totalitären Staat auf eine Weise unterdrückt, die keinerlei Privatsphäre und kaum körperliche Freiheit kennt. Das Buch, das zuvor schon ein Bestseller war, erlebte einen erneuten Hype während der Corona-Pandemie. Vor allem Wutbürger, Querdenkerinnen und Verschwörungstheoretiker feierten das Buch als modernes *1984*.

Nüchtern betrachtet, ist die Angst vor einer »Gesundheitsdiktatur« allerdings ein Strohmann – oder zumindest eine groteske Verzerrung der politischen Realität. Selbst zu den Höhepunkten der Corona-Pandemie war jederzeit absehbar, dass es sich bei den Corona-Maßnahmen um ein außerordentliches, notwendiges und weitgehend grundgesetzkonformes Krisenmanagement handelt, wie das Bundesverfassungsgericht anschließend mehrfach bestätigte. Werke wie *Corpus Delicti* bleiben somit vor allem das, was sie sind: Fiktion, Gruselliteratur – für die vor allem jene empfänglich sind, die ein fragiles Freiheitsverständnis haben und ihre Freiheit bei jeder kleinen Regelung bedroht sehen. Ein robuster Freiheitsbegriff hingegen beinhaltet gerade das Vertrauen und die Zuversicht, dass sich ein politisch-philosophisches Kernkonzept wie »Freiheit« nicht durch Kleinigkeiten wie eine temporäre Maskenpflicht in Bus und Bahn zerstören lässt. Was wir als Gesellschaft brauchen, ist ein politisch tragfähiger Freiheitsbegriff, der nicht jeden Tag aufs Neue droht zu zersplittern.

Die Natur einer außergewöhnlichen Gesundheitskrise, welche uns als Gesellschaft, ja sogar als Weltgemeinschaft, kollektiv betrifft, spricht gegen maximale individuelle Selbstbestimmungsprinzipien. In einer Krise tun idealerweise alle ihren Teil, um die Krise zu überwinden. Für Ego-Anwandlungen ist nur bedingt Platz. Angesichts des desaströsen Zustands des deutschen Gesundheitssystems könnte man also sagen: Die individuelle Selbstbestimmung ist für Arbeitnehmer eingeschränkt, sofern sie tragende Säulen des gesellschaftlichen Systems sind, und somit in lebenswichtigen Bereichen unabdingbar. Eine Masern-Impfpflicht für bestimmte Einrichtungen, der ich übrigens als Lehrender ebenfalls unterliege, gibt es seit dem 1. März 2020 ja ebenso. Wer als Bundeswehrsoldat arbeiten will, muss pflichtmäßig geimpft sein. Das sogenannte Basisimpfschema für Bundeswehrsoldatinnen umfasst Tetanus, Diphtherie, Polio, Keuchhusten, Mumps, Masern, Influenza, Röteln, Hepatitis A und B – und natürlich auch Covid-19.[56]

Und vor allem müssen wir erneut festhalten, dass niemand Menschen wie Jonas zwingt, als Krankenpfleger zu arbeiten – oder mich als Dozent. Auch Bundeswehrsoldat muss niemand mehr unfreiwillig werden. Wir brauchen zwar alle Arbeitskräfte in diesen Bereichen und sollten alles tun, um systemrelevante Berufe attraktiv zu gestalten. Trotzdem zwingen wir niemanden, einen solchen Beruf auszuüben. Im Gegensatz zur allgemeinen Impfpflicht, die die Impfung möglichst aller Menschen unabhängig von ihrer sozialen Funktion vorgesehen hätte, sind einrichtungsbezogene oder berufsbezogene Impfpflichten also funktionsgebunden und auf einen verhältnismäßig kleinen Personenkreis ausgerichtet, der sich im Fall der Fälle auch beruflich umorientieren könnte. Insbesondere aus letzteren Überlegungen entspringt, wie ich finde, die Legitimität berufsbezogener Impfpflichten. Wer zuallererst Impfgegner und dann erst Arbeitnehmer sein will, soll sich eben einen anderen Job suchen. Auch das ist Freiheit.

Dass eine partielle, berufsbezogene Impfpflicht mit dem Grundgesetz vereinbar ist, entschied schließlich auch das Bundesverfassungsgericht.[57] Angestellte in Krankenhäusern oder in Heimen müssten mit einem Eingriff in ihre körperliche Unversehrtheit, den eine Impfung durchaus darstellt, klarkommen. »Die Regelung stellt die Betroffenen aber de facto vor die Wahl, entweder ihre bisherige Tätigkeit aufzugeben oder aber in die Beeinträchtigung ihrer körperlichen Integrität einzuwilligen«, schrieb das höchste deutsche Gericht in seiner Pressemitteilung zum Beschluss, der eine Verfassungsbeschwerde gegen die einrichtungsbezogene Impfpflicht ablehnte.[58]

In der Möglichkeit beruflicher Umorientierung und der Abwesenheit von Gewalt unterscheidet sich eine solche Impfpflicht von einer »Zwangsimpfung« – einer Vorstellung, die in Impfgegnerkreisen ein beliebtes Schreckgespenst war, um Impfunwillige in ihrem Unwillen zu bestärken. Die »Zwangsimpfung« ist kein Mittel eines liberalen Rechtsstaates, weil sie die körperliche Unversehrtheit und das Recht auf freiheitliche körperliche Selbstbestimmung gewaltsam verletzt.

DER SPRUNG IN DIE FREIHEIT

Das eine Bein angewinkelt, die Arme im Flug zu den Seiten ausgestreckt, auf dem Rücken die Maschinenpistole. Und unter ihm der Stacheldraht. Ein Sprung in die Freiheit! Ein Bild, das in die Geschichtsbücher eingegangen ist als Sinnbild des Kalten Krieges; und als Sinnbild für den Soldaten, der sein Regime nicht mehr erträgt und ihm entflieht, buchstäblich in letzter Minute. Conrad Schumann heißt der Soldat der Nationalen Volksarmee, der, 1961, als es gerade noch geht, seinen Mut zusammen und seine Beine in die Hand nimmt. Flucht aus der DDR. Zwei Tage nach Beginn des Mauerbaus. In der einen Minute noch brav im Dienst, in der nächsten fahnenflüchtig. Mehr noch: Staatsfeind. Was Schumann erfolgreich schaffte, blieb vielen DDR-Bürgerinnen verwehrt. Nicht alle haben sich den Sprung in die Freiheit getraut; und von jenen, die sich getraut haben, haben ihn nicht alle überlebt.

Körperliche Selbstbestimmung hat immer mit dem eigenen Leben zu tun, mit der eigenen Lebensführung; und, in drastischen Fällen, auch mit dem eigenen Überleben. Menschen wie Conrad Schumann führten es uns vor Augen. Ebenso mein fiktives Beispiel von oben: der Russe Juri. Er lebt ebenfalls in einer Diktatur mit massiven Beschränkungen seiner persönlichen Freiheit. Seit Februar 2022 hat sich die Lage noch verschärft. Juri sieht sich von Putin und seinem Regime in einen Krieg hineingezerrt, der sein Leben bedroht. Denn zum Glück für die Menschheit sieht es nicht jeder so wie der römische Dichter Horaz, der kriegslüstern verkündete: »Süß und ruhmvoll ist es, fürs Vaterland zu sterben«. Menschen wie Conrad Schumann oder Juri widersetzen sich den scheinbaren Pflichten, die ihr Vaterland, oder, weniger theatralisch gesprochen, ihre Gesellschaft ihnen auferlegt. Für ihr Land zu sterben, stellt für die meisten Menschen kein Lebensziel dar.

Um es klarzustellen: Infolge von Putins brutalem Angriffskrieg erlebten die Ukrainerinnen und Ukrainer den bei Weitem größten Autonomieverlust. Tausende Soldaten wurden im Verteidigungskampf getötet, viele Zivilistinnen unter russischer Besatzung hingerichtet. Ganze Städte wurden verwüstet, Kinder deportiert. Die Menschen verloren ihre Autonomie, indem sie zur Selbstverteidigung gezwungen wurden.[59] Während ich diese Zeilen schreibe, ist Selbstbestimmung – neben Frieden – der zentrale Wunsch des gesamten ukrainischen Volkes. Der Krieg führt uns vor Augen, dass körperliche Selbstbestimmung ein grundsätzliches und ein existenzielles menschliches Gut ist. Hierfür gibt es viele mögliche Beispiele, vom syrischen Geflüchteten über den ukrainischen Freiheitskämpfer bis zum russischen Deserteur.

Denken wir es am Beispiel des Letzteren durch. Den Deserteur motiviert das menschlichste Bedürfnis schlechthin: am Leben zu bleiben. Wie alle Flüchtenden möchte auch der Deserteur nicht sterben, sondern, im Gegenteil, selbstbestimmt leben. Nur ist seine Flucht noch brisanter, weil sie sich gegen den erzwungenen Militärdienst richtet. Wir können in diesen Fällen – jemand entflieht einer Armee, der er nicht angehören will – von einem ganzheitlich-existenziellen körperlichen Selbstbestimmungsbedürfnis sprechen. Wer dem Kriegsdienst entflieht, tut dies, um nicht zu töten, und ebenso, um selbst nicht getötet zu werden.

Flüchtende wie der Russe Juri stehen vor mindestens

zwei Problemen. Als Erstes stellt sich die Frage des Wie der Fahnenflucht. Steht man noch vor einer allgemeinen oder partiellen Mobilmachung, also vor der zwangsmäßigen Einberufung großer oder kleiner Bevölkerungsteile in die Armee, ist die Flucht vor dem Kriegsdienst einfacher. Doch auch das Beispiel von Juri zeigt, dass »einfacher« nicht »einfach« bedeutet. Wir alle sind, meist im positiven Sinne, so sehr in das Leben anderer eingebunden, dass eine plötzliche Abwesenheit vor allem eine emotionale, darüber hinaus aber eine funktionale Leerstelle hinterlässt. Juri arbeitet in der Bäckerei seiner Eltern; schnellen Ersatz für seine Arbeitskraft gibt es nicht. Er hat einen Sohn, eine Ehefrau. Während sich ein Bäckereimitarbeiter vielleicht finden lässt, ist die Leerstelle, die ein abwesender Vater hinterlässt, noch größer und schwerer zu füllen.

Was eine selbstbestimmte Flucht vor der Einberufung in den Kriegsdienst dennoch rechtfertigt, ist die Alternative: ein Kriegsdienst, bei dem man mit großer Wahrscheinlichkeit umkommt. Juri mag denken: »Besser, ich flüchte jetzt ins Ausland und bin zeitweise weder für meine Eltern noch für meine eigene Familie physisch da – als für immer tot.« Der gesunde Menschenverstand stimmt dieser Logik zu. Eine temporäre, gut begründete Abwesenheit ist besser als eine erzwungene, permanente, unwiederbringliche. Aus dem Ausland kann man der Familie Geld und Nachrichten schicken, aus dem Jenseits nicht.

Die Selbstbestimmung über den eigenen Körper ist im Fall des Desertierens eine Entscheidung für das eigene Überleben. Während ein impfunwilliger Mensch, der zum Beispiel einer berufsbezogenen Impfpflicht untersteht, sich einen anderen Job suchen kann, ohne im Geringsten existenziell gefährdet zu sein, ist die körperliche Selbstbestimmung des Soldaten direkt verbunden mit seinem Überleben. Wer sich in einem Kriegsgebiet befindet, kann schlecht freiheitlich festlegen: Der Krieg gilt für alle, außer für mich. Und im Falle einer allgemeinen Mobilmachung werden in der Regel alle Männer eines gewissen Alters eingezogen, die dem Regime dafür tauglich erscheinen. Die einzigen Alternativen sind Verstecken oder Flucht.

Das Schutzgut des Deserteurs ist somit klar: Es ist das eigene Leben. Und somit das höchste zu schützende Gut, das wir Menschen kennen. Folglich lässt sich eine Ethik des Desertierens schnell abkürzen. Der Deserteur verhält sich antisozial in dem Punkt, dass er seine Kameraden im Stich lässt, schlimmstenfalls in einer Funktion, in der er gebraucht würde. Nichtsdestoweniger ist das Motiv seines Handelns unbestreitbar. Wer desertiert, um sich zu retten, handelt vielleicht egoistisch, aber nachvollziehbar egoistisch. Insbesondere dann ist seine Flucht legitim, wenn sie – wie im Fall der Russen im Angriffskrieg gegen die Ukraine oder im Fall der Nationalsozialisten während des Zweiten Weltkrieges – zu einer Beteiligung an einem kollektiven Verbrechen führt.

Ebenso handelt ein Staat, der seine Bürger zum Dienst an der Waffe zwingt, auf unterschiedliche Weise illiberal, indem er die Autonomie, auch die Körperautonomie, aber vor allem die allgemeine Lebensautonomie seiner Bürger missachtet. Der tote Mensch verliert schließlich all seine Freiheit. Als ethische Ausnahme ist hier der Verteidigungskrieg zu nennen. Ein Krieg als kollektive Abwehr gegen eine äußere Bedrohung durch einen äußeren Feind hat einen ethischen Sonderstatus, weil er ein Überlebenskampf ist. Ob man

Menschen, auch gegen ihren Willen, ethisch legitimerweise zwingen sollte, sich an einem kollektiven Überlebenskampf zu beteiligen, ist eine ethisch-moralische Diskussion, die dieses Kapitel übersteigt. Fest steht, dass die allermeisten ukrainischen Soldaten – im Gegensatz zu russischen Soldaten, von deren Fahnenflucht und teilweiser Erschießung bei Flucht immer wieder Berichte auftauchen[60] – trotz ukrainischer Mobilmachung willentlich und absichtlich an der militärischen Bestrebung teilnehmen, ihr Land, ihre Freiheit und ihr Leben zu verteidigen.

Körperautonomie ist ein weites Feld. Während der Deserteur um Leib und Leben fürchtet, stehen Menschen wie Frau Liebermann lediglich vor der Frage, wann und wie sie ihre nächste Zigarette rauchen. Dennoch sind beides Facetten körperlicher Selbstbestimmung. Und wer sich in einem von Klima-Demonstranten herbeigeführten Stau wiederfindet, fühlt sich plötzlich durchaus fremdbestimmt, eingeschränkt in der Bewegungsfreiheit. Als autonomiereduziert erlebten wir uns ebenfalls während der Corona-Pandemie. Maskenpflichten, Abstandsregeln und sozialer Impfdruck – die Maßnahmen sorgten bei vielen von uns dafür, das Gefühl zu haben, nicht ganz Herr oder Frau zu sein über die Lage, den eigenen Körper, über die eigene Freiheit. Auf ganz existenzielle Weise tangiert sind schließlich diejenigen von uns, die durch Gesetze, Rollenbilder und Erwartungen eingeschränkt werden im Intimsten, das es gibt – zum Beispiel in der eigenen Entscheidung, ein Kind zu kriegen oder eben nicht, das heißt der reproduktiven Autonomie.

Wir sollten allerdings nicht der »autonomistischen Illusion« erliegen, Autonomie sei immer und grundsätzlich gut. Derjenige, der trotz Corona-Infektion arbeiten geht und

Mitmenschen infiziert, handelt autonom. Die Umweltverschmutzerin, die ihren Müll heimlich im Wald ablädt, handelt autonom. Sogar Serienmörder, Amokläufer und Terroristen handeln außerordentlich selbstbestimmt, indem sie viel Zeit, Planung und Energie in die reibungslose Durchführung ihrer Taten investieren. Autonomie um jeden Preis kann also nicht die Lösung sein. Diese selbstreferenzielle, oft schädliche Autonomie ist Autonomismus. Autonomie als Gut um jeden Preis. Im Gegensatz zu den landläufigen Stimmen, die ein unkritisches Loblied auf die Individualfreiheit singen, müssen wir also feststellen, dass mehr zur Freiheit gehört als ein Maximum an selbstbestimmtem, körperlichem Handeln. Weil die eigene Freiheit immer durch die Freiheit der anderen mitbedingt wird und andersherum – deine Freiheit ist meine Freiheit, meine Freiheit ist deine –, brauchen wir eine Theorie der Freiheit, die dieser Erkenntnis Rechnung trägt.

KAPITEL 3

ÜBER RICHTIG UND FALSCH – DIE ETHIK DER FREIHEIT

Wir haben das Phänomen Freiheit bisher aus verschiedenen Blickrichtungen betrachtet. Während es ohne Zweifel großartig ist, dass wir Menschen uns im Lauf unserer Geschichte, nach und nach, aus vielfacher Unterdrückung, allerlei Knechtschaft und brutaler Fremdherrschaft befreit haben, sehen wir, als Resultat dieser Befreiung, heute immer öfter einen neuen Phänotypen des freien Menschen. Es ist der Autonomist. Der Autonomist, der auch und vor allem Individualist ist, sieht sich als Nabel der Welt. Sein Individualismus ist ihm ebenso selbstverständlich wie die Tatsache, dass mit Freiheit immer erst die eigene, persönliche, selbstreferenzielle Freiheit gemeint sein muss. Im Vordergrund steht stets seine Individualfreiheit, manchmal auch die gesellschaftliche Freiheit, aber das Primat des Einzelnen über die Gemeinschaft bleibt unangefochten. Unanfechtbar! Freiheit ist für den Autonomisten insofern ein absoluter Wert, dem alles andere unterzuordnen ist. Das fängt bei der Körperautonomie an, hört aber längst nicht dort auf. Der Autonomist möchte sich handlungsfrei entfalten, und zwar auf eine Art und Weise, die vor allem eines ist: ungehindert. Regeln, Pflichten und die Ansprüche Dritter sieht er bestenfalls als

Störfaktor, schnell jedoch als Übergriff und vielfach sogar als Unverschämtheit. Mit Blick auf das politische Parteienspektrum der Bundesrepublik verortet sich der Autonomist oft, aber nicht ausschließlich, in den Reihen von FDP, CDU und AfD. Er denkt die Gesellschaft vom Individuum her und gestikuliert empört, sobald man ihn daran erinnert, dass er nicht allein auf der Welt ist. Der autonomistische Leitgedanke lautet: Wenn jeder an sich denkt, ist an alle gedacht.

In diesem Kapitel geht es um die Ethik der Freiheit. Und warum, aus ethischer Perspektive, eben nicht an alle gedacht ist, wenn jeder an sich denkt. Ich möchte also den autonomistischen Grundgedanken widerlegen und gleichzeitig für eine Ethik argumentieren, die das Wir im Blick hat, ohne das Ich gänzlich zu vergessen. Zuvor die grundlegendere Frage: Warum überhaupt Ethik?

VOM TUN UND LASSEN

Eine ethische Perspektive auf den Freiheitsbegriff ist naheliegend. Sprechen wir von Freiheit, sprechen wir schließlich vom handelnden Menschen. Wir sprechen vom Tun und vom Lassen. Von dem, was jemand will, und dem, was jemand kann, und von dem, was jemand soll. Der handelnde Mensch, sein Tun, sein Lassen, sein Sollen – all das ist Gegenstand der Ethik. Und das ist auch heute noch so. Ob Maskenpflicht, Silvesterböller oder Schwangerschaft, gesellschaftliche Konflikte sind oft nichts anderes als ethische Handlungsbewertungskonflikte, die deswegen Konflikte sind, weil bei ihrer Bewertung und Beantwortung keine Einigkeit herrscht.

Ethik. Das klingt für viele zunächst einmal staubig. Aber es kommt noch schlimmer. Im Zentrum der Ethik steht nämlich – bitte festhalten – die Moral. Moral, das ist was für Spaßbremsen. Moral, das heißt Zeigefinger. Die Moral ist der Bambusstab, mit dem der Spielverderber dem freien Menschen auf die Finger schlägt. Wenn ein Begriff mit dem individuellen Drang nach Freiheit unvereinbar ist, dann ja wohl der Moralbegriff. Moral ist was von gestern. Moral ist was für Freiheitsfeinde.

In diesem Kapitel werde ich herausarbeiten, warum diese Sichtweise falsch ist. Grundfalsch sogar. Sie ist bestenfalls naiv; meistens jedoch wird sie bewusst eingesetzt, um sozialpolitische Vorhaben zu diffamieren, eine echte Wir-Perspektive zu diskreditieren und jede ernsthafte Bemühung um ein normverbundenes Zusammenleben zu sabotieren. Wer progressiven Veränderungswillen zeigt und es wagt, sich – und sei es im Subtext – auf moralische Zusammenhänge zu berufen, wird schnell als Moralist betitelt und des Übergriffs bezichtigt. Immer wieder, geradezu rituell, wird die Diskussion um Zusammenleben und Gemeinwohl dominiert von der liberalen Urangst, etwas aus ethisch-moralischen Gründen verboten zu bekommen. Etwas nicht zu dürfen. Meist: etwas nicht mehr zu dürfen.

»Wenn sie euch Feuerwerk verboten haben, dann werden sie zentrale Feuerwerke verbieten, Lichtshows verbieten, zu viel Fett verbieten, Zucker ächten, Besitz reglementieren, zu wenig Bewegung ächten, falsche Jobs definieren, zu viel Urlaub kritisieren, wie ihr euch fortbewegt; vorschreiben, wie ihr zu fühlen habt, beschreiben, ob ihr Pornos guckt, erfassen, Webseiten sperren, weil sie amoralisch sein könnten, sie werden euch zu Kopien ihrer selbst machen wollen.« Das schreibt User Alexander Eichholtz am Neujahrstag 2023 auf Twitter.[61]

Und da sehen wir sie: die liberale Urangst, geregelt zu werden. Erst die Feuerwerke, dann das Fett, dann den Zucker, dann verbieten sie euch die Butter vom Brot und die Pornos vom PC, und dann geht alles schwuppdiwupp in Richtung Sozialismus, Diktatur und Arbeitslager! Eine affektgeladene Mischung aus »Früher war alles besser« und »Schon bald wird alles schlimmer«. Vergangenheitsnostalgie und Zukunftsangst. Der liberale Panikmodus.

So an den Haaren herbei phantasiert dieses liberaldystopische Untergangsszenario auch sein mag: Solche Aussagen sind interessant, weil sie einem immer wiederkehrenden Argumentationsmuster folgen. Es wird angedeutet, dass ein erstes Ereignis unweigerlich eine – natürlich schreckliche – Ereigniskette in Gang setzt, und das Resultat dieser Ereigniskette ist selbstredend, wenn schon nicht die Apokalypse, dann doch bitte mindestens das Ende jeder freien Gesellschaft. Argumentativ beobachten wir hier eine »Weltuntergangsvariante« des Dammbrucharguments.[62] Als Dammbruchargument bezeichnet man die Argumentation, ein bestimmtes Ereignis reiße eine metaphorische Mauer ein, einen Damm – mit schwerwiegenden Konsequenzen. Ein Domino fällt auf den nächsten und der auf den nächsten und der wieder auf den nächsten usw. Eine Wer-A-sagt-muss-auch-B-sagen-Logik.

Zweitens, und in diesem Kontext interessanter, ist die Regelungs- und Moralphobie, die man sehr deutlich aus diesen und ähnlichen Zeilen herausliest. Bloß nicht mehr Regelungen! Bloß weg mit der Moral! Sonst geht alles in die Brüche, und zur Freiheit heißt es »Danke, Ciao!«. Diese Feuerwerksverbotsäußerung steht, am Neujahrstag, in Tradition einer gesellschaftlichen Praxis, die sich zum Jahreswechsel mittlerweile so fest etabliert hat wie die Vorsätze fürs neue Jahr. Ein kollektives Ritual. Vorangegangen war, wie jedes Jahr in den Tagen oder gar Wochen vor Silvester, die Frage, ob wir den deutschen Umgang mit Raketen und Böllern nicht vielleicht ein wenig anders regeln könnten, regeln sollten. Ob da Verbesserung möglich sei.

Die einen argumentieren, dass private Böller und Raketen – bei allem Feuerwerksspaß – die Umwelt doch sehr belasten (Feinstaub), Tiere in Panik versetzen (Hunde, Katzen, Vögel u. v. m.) und Menschen retraumatisieren. Ferner gibt es die ohnehin überlaufenen Notaufnahmen, die Verletzungsgefahr für Beteiligte und Unbeteiligte. Und bei dieser Aufzählung klammern wir das Brandrisiko bereits aus. Für die anderen, die Feuerwerksfraktion, ist neujährliches Böllern zur identitätsstiftenden Symbolpolitik geworden. Eine Freiheitsperformance, die traditionell-trotzig zelebriert wird. Zelebriert werden muss!

Ulf Poschardt, WeltN24-Chefredakteur und zugleich liberaler Lautsprecher, twitterte bereits vor Weihnachten, am 16. Dezember, neben seinem Usernamen »<- freut sich auf's böllern« und legte am 28. Dezember spöttisch nach: »geil, die verbitterten totalspiesser:innen, die jedes jahr neu in öden texten gegen das böllern wettern.«[63] Und ein Jahr zuvor, zu Zeiten eines pandemiebedingten bundesweiten Feuerwerk-Verkaufsverbots, lud der FDP-Landtagsabgeordnete Martin Hagen die *Bild*-Zeitung kurz vor Silvester zum Fototermin. Mit ein paar Raketen in der Hand und einem triumphierenden Lächeln im Gesicht ließ Herr Hagen sich ablichten. Der *Bild*-Artikel erschien schließlich mit der Schlagzeile »Trotz

Verkaufsverbot: FDP-Mann böllert Silvester trotzdem«.[64] Die Botschaft: ein klarer Sieg der Freiheit im Kampf von David gegen einen staatlichen Goliath, der es wagte, Feuerwerk und Veranstaltungen im Pandemie-Silvester etwas genauer zu regeln als üblich, um das Risiko eines Kollapses des Gesundheitssystems zu verringern.

Aus der Silvesterdebatte nehmen wir Folgendes mit: Manche Menschen treibt offenbar die sehr reale Angst um vor moralbegründeter Regeländerung. Sie befürchten, sich schnell in einem regulativen Albtraum wiederzufinden. Spürbar ist die Angst, sich einschränken zu müssen. Etwas weggenommen zu bekommen. Die Angst vor Veränderung. Und ganz unbegründet ist die Angst vor Veränderung ja nicht. Wie wir an der Geschichte des Rauchens und des Rauchverbots sehen, ändern sich kulturelle Praxen durchaus über die Zeit. Mitunter radikal.[65] Und ebenso, wie jede Altregelung ihre Kritiker hat, gefällt auch eine Neuregelung niemals allen. Es besteht die Gefahr, dass man später zu denjenigen gehört, die sagen: »Moment! Das fand ich aber früher besser!«[66]

Längst sind wir knietief in ethisch-moralischen Gefilden. Schneller, als man denkt, befinden wir uns bei gesellschaftlichen Debatten und sozialen Konflikten auf ethischem Gebiet – oft ganz ohne dass die Worte »Ethik« und »Moral« überhaupt fallen. Manchmal verzichtet man gleich auf sie aus vorauseilendem Gehorsam, aus Angst vor einer Abwehrreaktion des Gegenübers. Moral scheint ein Tabuwort, das es zu vermeiden gilt, will man überhaupt etwas erreichen. Wie ist es dazu gekommen?

Auch hier muss man eingestehen: Gänzlich unbegründet ist die Angst vor einer spielverderberischen, freiheitsfeindlichen Moral nicht. Sie hat ihre kulturgeschichtliche Verankerung. Moral, das war – in vielen Fällen abermals, ohne explizit das M-Wort zu bemühen – über Jahrhunderte hinweg das Instrument von Kirche und Staat, um die Menschen zu maßregeln. Moral, das war lange eng verbunden mit Sünde, Hölle, Vergebung und den Händen nachts brav über der Bettdecke. »Es gab eine Zeit, so etwa um die 1950er-Jahre, in der eine Schlagzeile wie ›Bischoff kritisiert sinkende Moral‹ in uns die Erwartung weckte, wir würden wieder etwas über Promiskuität, Homosexualität und Pornographie zu lesen bekommen«,[67] schreibt der zeitgenössische Ethiker Peter Singer und bringt somit die frühere Verbotsmentalität des Moralbegriffs auf den Punkt. Singer fährt fort: »Als Reaktion auf dieses übermächtige, enge Verständnis der Moral war es sehr verbreitet, Moral als ein System widerwärtiger puritanischer Verbote zu betrachten, das hauptsächlich dazu bestimmt ist, zu verhindern, dass Menschen ihr Vergnügen haben. Glücklicherweise ist diese Zeit vorbei. Wir denken nicht mehr, Ethik oder Moral sei ein System von Verboten, die sich hauptsächlich auf den Sexualbereich beziehen.«[68] Dieses verkürzte Moralverständnis, das sich allein und mit Abneigung auf das Verbot erstreckt, ist, da hat Singer recht, zum Glück überwiegend passé. Ganz verschwunden ist es allerdings nicht, wie die Böllerdebatte zeigt.

Bemühen wir uns also um ein neutraleres, besseres Verständnis des Moralbegriffs. Wenn es nicht primär um Verbote gehen soll, worum geht es dann? Der Philosoph Dietmar

Hübner formuliert: »Unter Moral versteht man ein Normensystem, dessen Gegenstand menschliches Verhalten ist und das einen Anspruch auf unbedingte Gültigkeit hat.«[69] An dieser Moraldefinition gefällt mir ihre nüchterne Sachlichkeit. Gegenstand von Moral ist das menschliche Verhalten – wir können auch sagen: die menschlichen Handlungen – in Relation zu einem System von Normen. Normen wiederum sind ethische Leitvorstellungen, an denen wir uns orientieren.

Die berühmtesten Normen sind, in unserem Kulturkreis, sicherlich die Zehn Gebote. Das Tötungsverbot ist beispielsweise eine kulturübergreifende Normvorstellung, die wir auch in den Zehn Geboten als »Du sollst nicht töten« wiederfinden. Überhaupt braucht man gar keine Religion, um das Tötungsverbot als schlüssige ethische Normvorstellung anzuerkennen – in den allermeisten Situationen verzichten wir nicht deshalb darauf, uns gegenseitig umzubringen, weil wir besonders fromm und bibelfest sind, sondern weil wir Gewaltverzicht für einen ethischen Selbstwert halten. Angesichts der schwindenden Bedeutung der Religion in Deutschland wäre alles andere auch schlecht, immerhin gehören im Jahr 2022 erstmals weniger als 50 Prozent der Einwohner Deutschlands der katholischen oder evangelischen Kirche an.[70]

Wichtig ist, neben der Beziehung von Norm und Verhalten, die in der Moraldefinition von Hübner enthaltene »unbedingte Gültigkeit«. Es heißt nicht »Du darfst nicht töten – außer die Person nervt dich sehr« oder »Du darfst nicht töten – außer dich erwartet ein riesiges Erbe« oder, oder, oder. Nein, es heißt: Du darfst nicht töten. Punkt. Der Geltungsanspruch ist unbedingt, wir können auch sagen: universal. Er gilt für alle Fälle. Gleichzeitig kann es ethische

Ausnahmen und Grenzfälle geben, die unsere Normvorstellungen herausfordern. Wäre dies nicht so, wären ethische Konflikte keine Konflikte (sondern lediglich Konsense). Ein Töten aus Notwehr erkennen sowohl der Gesetzgeber als auch die Zivilgesellschaft als im Notfall gerechtfertigt und straffrei an. Ebenso sehen viele – ich inklusive – im ukrainischen Verteidigungskrieg gegen Russland eine zwar bedauerliche, aber aus ethisch-moralischer Sicht legitime Notwendigkeit. Eine Selbstverteidigung, die niemand anderes verschuldet als Putin und sein Machtzirkel.

Die Orientierung an ethischen Normvorstellungen – und die grundsätzliche Orientierung an normativen Leitprinzipien – bedeutet also keineswegs, dass ein ethischer Konflikt somit vom Tisch ist und wir als Menschen allein durch die Existenz ethischer Regeln automatisch und immer wissen, was zu tun ist und was nicht. Ähnlich wie gute Vorsätze sind ethische Normen Orientierungspunkte, die wir zwar kennen, aber nicht unbedingt immer strikt einhalten; und die wir auch nicht immer in allen Fällen, trotz guter Absichten, einhalten können. Auch sind Fragen, ob wir neben anderen rauchen, aus politischen Gründen eine Straße blockieren, eine FFP2-Maske tragen oder den Kriegsdienst verweigern usw. in dem Sinne ethische Fragen, als dass sie das eigene Handeln – und die eigene persönliche Handlungsfähigkeit, sprich die Individualfreiheit – in Relation setzen zu sozialen Normvorstellungen des Guten und des Erwünschten. Kurz: Das, was ich *will*, steht manchmal in einem Konflikt mit dem, was ich *soll*.

Beispielhaft sehen wir dies bei unserer Kettenraucherin Frau Liebermann, die sich durch Rauchverbote benachteiligt sieht; oder an den Maskengegnern, die sich zu Pandemiezeiten weigern, eine Maske aufzuziehen. Interessanterweise muss ein Konflikt zwischen dem, was ich will, und dem, was ich soll, nicht von selbst zu deviantem, also abweichlerischem Verhalten führen. Denn übergeordnete Wünsche und Überzeugungen, wie der Wunsch, möglichst selten an Grippe und Corona zu erkranken, und die Überzeugung, dass eine richtig getragene Schutzmaske dieses Risiko minimiert, wirken motivierend. Handlungstheoretisch gesehen, ist ein eigener Wille zur Handlung, die man gerade ausführt, also sekundär, solange man andere, höherrangige Absichten und Überzeugungen hat, aus denen heraus sich die primäre Handlung ableitet. Um es mit Nietzsche zu sagen: »Wer ein Warum zu leben hat, erträgt fast jedes Wie.«

Zurück zu den Begrifflichkeiten. Obschon Ethik und Moral oft in einem Atemzug genannt werden, sind sie keineswegs dasselbe. Die Begriffe »Ethik« und »Moral« können wir leicht voneinander abgrenzen, indem wir uns merken: Ethik ist die Philosophie der Moral. Denken wir darüber nach, welche Normvorstellungen besonders sinnvoll und gut sind (und daraus abgeleitet: welche Handlungen), beschäftigen wir uns mit Ethik. Verschiedene Ethiken mögen ein und dieselbe Handlung sehr unterschiedlich einordnen. Wer zum Beispiel eine autonomistische Ethik des grenzenlos liberalen Individuums vertritt, wird einen Balkonbrand, der entsteht, weil der Nachbar angetrunken an Silvester eine Feuerwerksrakete schlecht abfeuert, als bedauernswerten, aber letztlich zu akzeptierenden Unfall abtun. Die Freiheit des Individuums, möglichst viel zu tun und zu lassen, steht in dieser Ethik über allem. Wer hingegen den ethischen Fokus auf Vorsicht und ein minimiertes Brandrisiko legt, spricht sich eher gegen alkoholisiertes Privatfeuerwerk an Silvester aus und argumentiert vielleicht für ein professionelles, von Fachleuten nüchtern und nicht in Balkonnähe durchgeführtes Feuerwerk.[71] Ethik ist also die Philosophie des praktischen menschlichen Zusammenlebens und der damit verbundenen Normen und Normbegründungen.

ZWISCHEN PEST UND CHOLERA

Wichtig ist ferner die Frage, was ethische Konflikte überhaupt zu Konflikten macht. Den Geltungsbereich des Ethischen haben wir geklärt. Es ist der menschliche, meist soziale Handlungsbereich; oft geht es um die Handlungen eines Individuums, die sich in einem Spannungsverhältnis auf andere Individuen und deren Interessen beziehen. Die Frage also, ob ich heute ein grünes oder ein rotes T-Shirt anziehe, ist ihrem Wesen nach zwar eine Entscheidung, aber keine ethische Entscheidung.

Ob ich allerdings ein T-Shirt kaufe, das von einer lokalen Industrie zu fairen Preisen und Bedingungen hergestellt wurde, oder ob ich ein Fast-Fashion-Shirt kaufe, das in Bangladesch zu Billiglöhnen produziert und dann per Frachtcontainerschiff um die halbe Welt bis nach Deutschland geschippert wurde, wo ich es für einen Dumpingpreis kaufe (und schlimmstenfalls nur dreimal trage) – das ist durchaus eine ethische Entscheidung. Ethisch wird diese Entscheidung, betrachtet man die wirtschaftliche Ausbeutung, die soziale Verantwortung von Firmen, die umweltethischen Dimensionen hinsichtlich eines weiterhin bewohnbaren Planeten und so weiter und so fort. Nicht alle Entscheidungen sind also auf unmittelbare Weise ethisch, aber viele

Entscheidungen des Alltags haben indirekte ethische Implikationen.

Die menschliche Autonomie besteht ganz wesentlich in der Möglichkeit, willentlich zwischen Alternativen zu wählen. Handlungsfreiheit ist wiederum untrennbar verbunden mit der Möglichkeit, nach diesen willentlichen Entscheidungen zu handeln. Negativ formuliert: Wer keine Wahl hat, ist nicht autonom und nicht frei. Der ethische Aspekt der Handlungsfreiheit stellt uns insofern vor die Frage nach dem guten Handeln. Es geht um die Philosophie der besseren Wahl. Vor allem ist Ethik der Versuch, ein philosophisches System zu begründen, das uns nicht nur für einzelne Fälle weiterhilft, die richtige Wahl zu treffen. Eine ethische Theorie, die uns mal gute Handlungsempfehlungen gibt und mal katastrophale, wäre keine gute ethische Theorie.

Ein Beispiel soll dies verdeutlichen. Two-Face, regelmäßig wiederkehrender Gegenspieler von Batman in den Comics, Zeichentrickserien und Filmen, hat einen Silberdollar, der ihm als Entscheidungshilfe dient. Die Münze steht für seine zwiegespaltene Persönlichkeit. In Entscheidungssituationen wirft er sie und entscheidet abhängig vom Resultat, ob er auf eine Situation eskalierend oder deeskalierend einwirkt. Jemand wie Two-Face, dessen Handeln ganz wesentlich vom Zufallsprinzip abhängig ist und der mal so, mal so handelt, folgt überhaupt keiner anspruchsvollen Ethik. Sein vordergründiges Leitprinzip: »Stehst du vor einer wichtigen Entscheidung, wirf deine Münze«. Das ist keine Ethik, sondern eine Anleitung zur Willkür. Und wir würden eine Gesellschaft, in der wesentliche Entscheidungen per Münzwurf oder Los gefällt werden, als ungerecht bezeichnen. Es muss einen besseren Weg geben. Idealerweise lässt sich mit

Ethik eine Handlungsbewertungstheorie begründen, die uns halbwegs verlässliche Leitprinzipien an die Hand gibt, mit denen wir uns in einer chaotischen Welt zurechtfinden. Leitprinzipien, die nicht von Situation zu Situation willkürlich wechseln und uns mehr oder minder stabile, verlässliche Orientierungshilfen bieten.

Zu Beginn einer ethischen Lösung steht die Bestandsaufnahme: die Beschreibung und das richtige Verständnis einer Handlung und aller Beteiligten und ihrer Ansprüche. Vor der Problemlösung steht also die Problembeschreibung. Die ethische Perspektive auf menschliches Zusammenleben besteht darin, genau zu schauen, wo es knirscht. Wo der Konflikt liegt. Durch die »ethische Brille« versuchen wir zu sehen, wessen Ansprüche wir miteinander verrechnen müssen. Ethische Konflikte haben somit die Struktur von Güterkonflikten. Güter sind hier Interessen, Ansprüche, Absichten, Rechte usw. Kaum verwunderlich also, dass es nicht nur in der Ethik um Güterkonflikte und ihre Lösung geht, sondern ebenso in der Rechtswissenschaft. Ähnlich wie die Göttin Justitia, die mit ihren zwei Waagschalen unterschiedliche Interessen in Ausgleich zu bringen versucht, besteht die ethische Perspektive ganz wesentlich im Abwägen. Im Für und Wider. Es gilt, alle Seiten eines Konfliktes möglichst stark zu machen und diese Ansprüche miteinander auszugleichen. Leichter gesagt als getan. In einem moralischen Konflikt, ebenso wie einem Dilemma, sind wir auf der Suche nach dem geringeren Übel. Mal ist dieses geringere Übel einfacher und mal schwerer zu erkennen. Manchmal sind die Gewichte der Ansprüche und Interessen ziemlich klar verteilt. Oft nicht.

Denken wir zurück an die Raucherbus-Diskussion aus

dem Jahre 1974. Wir müssen den Teilnehmerinnen von damals zugutehalten, dass die Gefahren des Rauchens jahrzehntelang unterschätzt wurden. Aus heutiger Perspektive und mit dem heutigen Stand der medizinischen Erkenntnis – es gibt keine gesunde, ungefährliche oder gar wünschenswerte Menge Rauch, die man in seinem Leben bedenkenfrei inhalieren sollte – sehen wir, dass ein absolutes Rauchverbot in geschlossenen Räumen ethisch wie juristisch vertretbar ist. Das sahen die Teilnehmer vor knapp fünfzig Jahren anders. Ein Rauchverbot im Bus erschien ihnen gerade deshalb als freiheitsfeindlicher, autonomieeinschränkender Übergriff, weil die Freiheit, überall und jederzeit rauchen zu können, zur alltäglichen Handlungsfreiheit gehörte. Erstens. Und weil zweitens eben noch nicht ins öffentliche Bewusstsein vorgedrungen war, wie schädlich der Tabakkonsum, und sei er passiv, tatsächlich ist. Aus der Retrospektive mag man sagen: andere Zeiten, andere Sitten.

Dass dieser Konflikt praktischer Ethik weiterhin besteht und die Frage, welche Güter Vorrang haben – zum Beispiel Freiheit einerseits versus Gesundheit andererseits –, keineswegs abschließend geklärt ist, sehen wir auch in diesem Jahrhundert immer wieder. Und da können wir sogar beim Beispiel bleiben. Noch im Jahr 2012 erklärte Marco Buschmann (FDP): »Mehr als 500 000 Kontakte bei Facebook, mehr als 20 000 Aufrufe unserer Aktionsseite und über 10 000 Protestmails und Unterschriften gegen das totale Rauchverbot sind ein klares Signal gegen das geplante rot-grüne Bevormundungsgesetz. Die Mehrheit der Bürger hat kein Verständnis dafür, dass SPD und Grüne mit einem strikten Verbot die Gräben zwischen Rauchern und Nichtrauchern wieder aufreißen.«[72] Und wieder: das liberale Schreckgespenst der Bevormundung. Autonomieverlust. Was in den damaligen Worten unseres jetzigen Justizministers durchschimmert, ist nichts anderes als eine autonomistische Argumentation. Freiheit um jeden Preis.

Und tatsächlich sind Nichtraucherschutzgesetze ja ein Autonomieverlust für Raucherinnen. Nur ist die Gesamtbilanz, ethisch gesehen, eine gute. Klare Regelung dessen, wo gequalmt werden darf und wo nicht, reißen in den Augen der heutigen Mehrheitsgesellschaft also keineswegs »Gräben zwischen Rauchern und Nichtrauchern«. Sie garantieren vielmehr Krankheitsprävention und weniger Folgeschäden. Vor allem bei jenen, die sonst widerwillig geräuchert würden. Auf der Waage wiegen die Schutzinteressen der Nichtraucherinnen schwerer als die Konsuminteressen der Raucher. Und geraucht werden kann ja dennoch, nur eben nicht überall.

Die ethische Verrechnung aller involvierten Ansprüche ist keineswegs immer so einfach. Eine Gesamtbilanzierung erfordert so viele Perspektivwechsel, wie es Beteiligte gibt. Wie schwierig dies in der Praxis ist, sehen wir am Beispiel der Oktoberfestabsagen 2020 und 2021. Erstmals seit 1949 wurde das größte Volksfest der Welt abgesagt, wegen der Corona-Pandemie. Überhaupt gab es seit 1811 erst insgesamt 26 Absagen, in der Regel wegen Kriegen, 1854 und 1873 wegen Cholera. Eine Absage aus epidemischen Gründen war also kein Novum. Nichtsdestoweniger: Die Idee vollgefüllter Bierzelte und abgefüllter Festgäste schien in den beiden Corona-Jahren unvereinbar mit den Maßnahmen gegen das Virus. Leicht gefallen ist den Verantwortlichen die Absage verständlicherweise nicht. Die gesellschaftliche Debatte war, über Bayern hinaus, groß. Da waren die einen, die an die wirtschaftliche Bedeutung der Wiesn erinnerten. Ein normales Oktoberfest macht über eine Milliarde Euro Umsatz.[73] Für Bierbrauer, Schausteller und Restaurantbetreiber war die Oktoberfestabsage also nicht weniger als eine finanzielle Vollkatastrophe. Ein temporäres Berufsverbot. Die ganze lokale Wirtschaft litt, mehrere Millionen Besucher aus der ganzen Welt blieben aus. Das internationale Aushängeschild Münchens – zwei Jahre im Winterschlaf. Doch nicht alle bedauerten die Absage. Auf der Habenseite der gesamtethischen Verrechnung stand vor allem das Negative, das unterbleibt. Neben Gesang, Wurst und Bierzeltgeschunkel – und ganz abgesehen von Corona – ist das Oktoberfest nämlich auch ein Hotspot für Gewalt und Kriminalität. »Jetzt ist das Oktoberfest abgesagt. Müssen sich tausende Frauen wohl selbst belästigen«, schrieb ich polemisch auf Twitter.[74] Tatsächlich kam es auf dem Oktoberfest 2019 zu insgesamt 2000 Polizeieinsätzen und 959 Straftaten.[75] 2022, nach zwei Jahren Oktoberfestpause, sah es ähnlich aus, die Bilanz war minimal besser.

Was machen wir jetzt mit diesen Daten? Wie verrechnen wir sie? Eintausend Straftaten sind absolut gesehen viel. In Relation gesetzt zu mehreren Millionen Menschen, sind sie allerdings überschaubar. Jedoch: Man muss bei einer Bilanzierung und differenzierten Betrachtung immer aufpassen, Leid und Schaden nicht zu bagatellisieren. Jede Straftat, jede Körperverletzung, jeder sexueller Übergriff ist, ethisch gesehen und für sich, eine zu viel. Dennoch muss man im Rahmen einer realistischen Betrachtung anerkennen, dass Straftaten und Übergriffe überall dort geschehen, wo Menschen aufeinandertreffen. Erst recht unter massivem Alkoholeinfluss. Zur Wahrheit gehört also auch, dass die allermeisten

Volksfestbesucher – egal, ob auf dem Oktoberfest oder anderen Großereignissen – eben nicht Opfer einer Straftat werden und in den allermeisten Fällen auch keine Straftaten begehen. Die Frage nach einem ethisch geringeren Übel ist also immer zugleich verbunden mit der Frage, wie sehr sich eine Mehrheit nach einer – in diesem Fall kriminellen – Minderheit richten kann und richten muss. Wollen wir null Straftaten auf einer Großveranstaltung, ist die einzige Option, sie ausfallen zu lassen.

Was folgt aus dieser Erkenntnis? Weil wir Straftaten nicht komplett verhindern können, müssen wir Übergriffe, Gewalt, Sexualdelikte einfach akzeptieren, hinnehmen als soziale Tatsache? Keineswegs. Eine »So sind die Menschen eben«-Herangehensweise würde uns – egal, wer sie formuliert – auf ethische Weise befremden und auch empören. Wer einem Gewaltopfer achselzuckend »Stell dich mal nicht so an, du hast halt Pech gehabt!« sagt, verspottet es in seiner Würde als Mensch. Die Lösung kann nur lauten, dass wir menschliches Zusammenleben ermöglichen und zugleich dafür sorgen, jegliches Leid durch ein möglichst optimales Sicherheitskonzept zu verhindern, wo es nur geht; und Straftaten zu verfolgen, wo sie nicht verhindert werden konnten.

»Wer die Freiheit aufgibt, um Sicherheit zu gewinnen, wird am Ende beides verlieren«, lautet ein Spruch, den die Gegner regulativer Einschränkungen gerne anführen. Auch hier schwingt die autonomistische Angst vor einem Vorschriftenalbtraum mit. Erst die Feuerwerke, dann das Fett, dann den Zucker, dann das Salz, und am Ende zwingt dich der Gesundheitsminister per Regierungsapp, jeden Morgen joggen zu gehen. Dabei muss ein verbessertes Sicherheitskonzept, keineswegs Kontrollverlust und Diktatur bedeuten. Wer das behauptet, argumentiert populistisch. Es gibt einen Mittelweg zwischen Sicherheit und Freiheit. Der Freiheit-Sicherheit-Spruch ist also im weiteren Sinne richtig und trivial – absolute Sicherheit und zugleich absolute Freiheit kann es nicht geben. Und im engeren Sinne ist er falsch. Natürlich sind Freiheit und Sicherheit zwei Konfliktgüter, die wir nicht gleichzeitig endlos maximieren können. Nichtsdestoweniger brauchen wir einen Freiheitsbegriff, der mit elementaren sozialen Sicherungsmechanismen umgehen kann. Ein Oktoberfest, auf dem kontrolliert wird. Ein Silvester, an dem elementare Brandschutzregeln gelten. Die Möglichkeit, sich unerwünschtem Passivrauchen zu entziehen. Ein fragiler Freiheitsbegriff, der bei jeder kleinen Einschränkung des Soziallebens gleich klirrend zerschellt, ist kein guter Freiheitsbegriff. Paradoxerweise müssen wir den Freiheitsbegriff selbst absichern. Ein Verständnis von Freiheit gewinnen, das uns resilienter macht gegen Naturkatastrophen, Pandemien, Klimakrise usw. Das Autonomieverständnis, das im Zentrum einer alltagstauglichen Ethik steht, muss sich dadurch auszeichnen, dass es die menschliche Handlungspraxis richtig und angemessen beschreibt.

DAS GLÜCK DER MEISTEN

Zurück zur Bilanzierungsfunktion der Ethik. Die Probleme, die wir hier besprechen und die so zeitgenössisch aktuell wirken, sind keineswegs neu. Die Frage, wie wir Individualfreiheit und gesellschaftliche Freiheit optimal ausbalancieren, ist klassisch. Der Utilitarismus ist ein Versuch, Freiheiten und menschliches Glück ethisch ausbalanciert miteinander zu verrechnen und so den involvierten Menschen eine Orientierungshilfe an die Hand zu geben. Der Begriff »Utilitarismus« leitet sich vom lateinischen Wort für »nützlich« (*util*) ab. Der Utilitarismus ist also dem Namen nach eine Nützlichkeitsethik. Im Zentrum ihrer Überlegungen stehen die Fragen: Wem nützt die Handlung? Wem schadet sie? Lässt sich, betrachtet man alle voraussichtlichen Konsequenzen, eine positive ethische Gesamtbilanz ziehen? Um es mit einem der Väter dieser philosophischen Denkrichtung, Jeremy Bentham (1748–1832), zu sagen: Den Utilitarismus interessiert vor allem »das größte Glück der größten Zahl« (*Greatest Happiness Principle*). Auf der ethischen Waagschale liegen vor allem die Handlungsfolgen. Das, was umgangssprachlich formuliert, dabei herauskommt. Es geht weniger um Absichten und Haltungen und mehr um Konsequenzen. Deshalb ist der Utilitarismus, vom ethischen Gattungstyp her, ein Konsequentialismus. So heißen die ethischen Strömungen, die vor allem das Resultat einer Handlung zur Bewertung heranziehen. Was zählt, sind die Handlungsfolgen. Ziel ist das Glück der meisten.

Schauen wir uns das auf Beispielsebene an. Geht es um die Grenzen der Individualfreiheit, stellt die Umweltethik einen besonders geeigneten Problembereich dar. Immerhin ist Klima- und Umweltschutz ein Thema, das sowohl jeden von uns persönlich betrifft als auch uns alle als Kollektiv. Daher eignet sich dieses ethische Streitthema besonders gut, um über Individualfreiheiten zu philosophieren und konsequentialistische Ethiken einem Stresstest zu unterziehen.

Wir sind, wie ich oben ausgeführt habe, auf der Suche nach einem ethischen System, das uns handlungsleitende

Orientierungshilfe gibt. Das uns sagt, wie weit Individualfreiheit gehen kann. Der Utilitarismus ist ein solcher Kandidat. Was trägt der Utilitarismus also zur Umweltethik bei?

Zunächst: Klimaschutz ist, selbst in seiner moderaten Ausprägung, alles andere als allseits populär. Dass er angesichts der Klimakrise irgendwie nötig ist, scheint mittlerweile Konsens zu sein; aber eher zähneknirschend als enthusiastisch. Und besonders angegangen werden jene, die es mit dem Klima-Aktivismus ernst meinen. Die etwas tun. Mitunter werden Klimaschützer von Politikerinnen der AfD, der CDU sowie von Privatpersonen besonders hart beschimpft, sei es online, in den sozialen Medien, oder offline, bei Protestaktionen, die zum Beispiel den Straßenverkehr blockieren oder auf andere Weise die Aufmerksamkeit auf Umweltthematiken lenken.

Diese Beschimpfungen sind teils überaus drastisch. Manche sprechen gar von »Klimaterroristen«. CSU-Landesgruppenchef Alexander Dobrindt sagte wörtlich: »Die Entstehung einer Klima-RAF muss verhindert werden« und forderte im selben Atemzug »deutlich härtere Strafen für Klima-Chaoten, um einer weiteren Radikalisierung in Teilen dieser Klimabewegung entgegenzuwirken und Nachahmer abzuschrecken«.[76] Der FDP-Bundestagsabgeordnete Frank Schäffler formulierte: »Diese Truppe von #LetzteGeneration erinnert erschreckend an die Frühphase der RAF.«[77] Der Regierungssprecher wiederum, Steffen Hebestreit, distanzierte sich vom Begriff »Terrorismus«.

Sowohl aus sprachkritischer wie aus sachkritischer Perspektive: Der inflationäre Gebrauch der Terrorismusmetapher hat für alle Beteiligten negative Folgen. Wohin führt es, wenn plötzlich jeder, der umweltpolitisch etwas will, und jeder, der umweltpolitisch etwas tut, in den Augen vieler Konservativer ein »Terrorist« ist? Diese Redeweise entwertet zunächst die Arbeit jener, die an Prävention und Aufklärung von tatsächlichem Terrorismus arbeiten. Zudem lässt er uns an der Wahrnehmung unserer demokratischen Vertreter und Vertreterinnen zweifeln, wenn plötzlich jede Kleinigkeit als Terror gelabelt wird. Vor allem aber dämonisieren diese Formulierungen den gewaltfreien Protest. Wenn legitime politische Forderungen wie die nach einem 9-Euro-Ticket, einem Tempolimit oder einem funktionierenden, nutzerfreundlichen öffentlichen Nah- und Fernverkehr sprachlich gleichgesetzt werden mit den Handlungen jener, die mit Sprengstoffanschlägen, Flugzeugentführungen und Maschinengewehren Menschen töten und verstümmeln, dann ist diese Redeweise mehr als nur sachlich unangemessen – sie ist pietätlos.

Konsequenterweise wurde das Wort »Klimaterroristen« von Sprachwissenschaftlerinnen zum Unwort des Jahres 2022 gewählt. In der Pressemitteilung heißt es: »Die Jury kritisiert die Verwendung des Ausdrucks, weil Klima-Aktivist:innen mit Terrorist:innen gleichgesetzt und dadurch kriminalisiert und diffamiert werden. Unter Terrorismus ist das systematische Ausüben und Verbreiten von Angst und Schrecken durch radikale physische Gewalt zu verstehen. Um ihre Ziele durchzusetzen, nehmen Terrorist:innen dabei Zerstörung, Tod und Mord in Kauf. Durch die Gleichsetzung des klimaaktivistischen Protests mit Terrorismus werden gewaltlose Protestformen zivilen Ungehorsams und demokratischen Widerstands in den Kontext von Gewalt und Staatsfeindlichkeit gestellt.«[78] Genau darum geht es. Gewaltfreie Störungen des zivilen Zusammenlebens wie etwa eine

Straßenblockade werden sprachlich gleichgesetzt mit roher, menschenverachtender Brutalität.

Ferner kritisiert die Jury zu Recht, dieses sprachliche Framing verschiebe den Fokus der Debatte weg von inhaltlich berechtigten Forderungen und verlagere den Blick auf die Akteure. Wer »Klimaterroristen« sagt, rücke die Frage nach politischen wie juristischen Handlungsmöglichkeiten gegen die Klima-Aktivisten in den Vordergrund (zum Beispiel Präventivhaft). Wer »Klimaterroristen« sagt, interessiert sich nicht mehr für mögliche umweltethische Präventionsmaßnahmen. Wer »Klimaterroristen« sagt, leugnet zudem die Tatsache, dass wir, ob wir es nun mal wollen oder nicht, alle in demselben Boot sitzen und zusehen sollten, dass unsere Arche nicht zur Titanic wird. Diese Redeweise verunmöglicht schließlich eine konstruktive, lösungsorientierte, gemeinsame Perspektive. Denn tatsächlich: Mit Terroristen verhandelt man nicht. Terroristen bekämpft man.

Die Wortwahl vom »Klimaterrorismus« bringt mich allerdings auf eine Idee. Wagen wir also ein weiteres Gedankenexperiment. Jenseits von sprachlichem Framing und unsäglichen Metaphern stellen wir uns vor, in Deutschland würde wirklich eine Gruppe ökologisch ausgerichteter Terroristen aktiv. Eine Gruppe, die sinngemäß sagt: »Fridays for Future hat nichts gebracht. Die Letzte Generation hat sich hier und da PR-wirksam festgeklebt und dennoch nichts erreicht. Die Zeit des gewaltlosen Widerstands ist vorbei. Wir gehen über in den bewaffneten Kampf gegen jene, die dem Planeten und somit den Menschen schaden!« Nennen wir diese fiktive Gruppierung die »Grüne Armee Fraktion« (GAF). Die GAF sabotiert die Fließbänder des VW-Werks in Wolfsburg, verübt immer wieder Brandanschläge auf SUVs, es kommt sogar zu zwei Sprengstoffanschlägen auf Privatflugzeuge. Polizei und Staatsanwaltschaft schaffen es zwar, immer wieder Mitglieder der GAF festzunehmen, allerdings haben sie viele Sympathisanten, rekrutieren immer neue Mitglieder. Bisher ist wie durch ein Wunder niemand gestorben. Als Höhepunkt der Gewaltspirale entführt die GAF allerdings drei Manager aus dem fossilen Wirtschaftssektor. Sie droht, die Männer umzubringen, sollte die Regierung die Energiewende nicht radikal beschleunigen. Doch die Bundesregierung lässt sich, wie damals bei der Roten Armee Fraktion (RAF), nicht erpressen: »Wir verhandeln nicht mit Terroristen.« Einige Tage später findet man die Leichen der Männer in einem Braunkohlerevier.

Vorweg: Ich halte es nicht für plausibel, dass die Klima-Bewegung sich in absehbarer Zeit radikalisiert. Das ist vor allem eine alarmistische Befürchtung, die meist von jenen stammt, die bürgerlichem Klima-Aktivismus sowieso nichts abgewinnen können. Und mit dieser Einschätzung bin ich nicht allein. »Die Letzte Generation ist jetzt tatsächlich so eine spezielle Gruppierung, die sagen, wir müssen durch spezielle Aktionen auf uns aufmerksam machen. Und das, was sie betreiben, das sind tatsächlich auch Straftaten. Das kann man nicht wegdiskutieren. Aber das Begehen von Straftaten macht diese Gruppierung jetzt nicht extremistisch.«[79] Das sagt nicht irgendein Linksradikaler, sondern Thomas Haldenwang, Präsident des Bundesverfassungsschutzes. Eine Bewegung werde erst dann extremistisch, wenn sie Gesellschaft, Staat und freiheitlich-demokratische Grundordnung infragestelle. Tatsächlich ist dies, anders als bei Reichsbürgern und Islamisten, hier nicht der Fall. Deutschlands oberster Verfassungsschützer fährt fort: »Ich erkenne jedenfalls gegenwärtig nicht, dass sich diese Gruppierung gegen die freiheitlich-demokratische Grundordnung richtet, und insofern ist das kein Beobachtungsobjekt für den Verfassungsschutz.« Der Soziologe und Extremismusforscher Matthias Quent wiederum versicherte, die Mittel der Letzten Generation seien, im Vergleich zu anderen Protesten, mild.[80]

Wenngleich eine extremistische, gewaltorientierte, antidemokratische Radikalisierung für die Klima-Bewegung also weder zu erwarten ist noch wahrscheinlich scheint: Könnte eine solche Terrorgruppe, wenn es sie gäbe, ethisch legitim sein? Ich betone hier weiterhin den Gedankenexperiment-Charakter und distanziere mich von jeder Gewalt. Aus utilitaristischer Perspektive mag die Gesamtbilanz eines gewaltbereiten Klima-Extremismus trotzdem positiv ausfallen. Wagen wir ein Szenario.

Einerseits aus Überzeugung, andererseits aus Angst vor der GAF fangen Bürgerinnen an, energiebewusster zu leben, konsumieren weniger Fleisch, lassen das Auto öfter stehen, kaufen regionaler und vorwiegend bei nachhaltigen Geschäften ein und so weiter. Politiker wiederum weigern sich, aus Furcht vor einem Anschlag, sich von Lobbyisten beeinflussen zu lassen; sie bringen Geschäftsreisen nur noch mit dem Zug hinter sich, und vor allem verzichten sie darauf, klimaschädliche Gesetze zu erlassen. Es werden Windräder gebaut, Solaranlagen installiert, und wer bisher im fossilen Sektor gearbeitet hat, wird gezielt und bedarfsorientiert weitergebildet und umgeschult, sodass jeder, der seinen alten Job energiewendebedingt aufgeben muss, schnell einen neuen findet. Konservative wie progressive Politikerinnen haben gleichermaßen in unserem fiktiven Szenario eine außerordentliche neue Motivation für mehr Klimaschutz – die Furcht um das eigene Leben.[81] Kurzum schafft die GAF durch blutigen Terror das, was weder Fridays for Future noch die Letzte Generation konnten. Es findet eine schnelle ökologische Wende statt. Zwar unter permanenter Androhung sowie Ausübung von Zwang und Gewalt. Die ökologische Gesamtbilanz ist jedoch positiv.

Bevor ich missverstanden werde: Was ich hier fiktiv skizziere, spricht nicht für den Terrorismus. Ich argumentiere nicht für eine terroristische Durchsetzung sinnvoller Klima-Maßnahmen, sondern gegen einen Utilitarismus in naiver Ausprägung. Nicht jeder Zweck heiligt die Mittel. Wer Handlungen allein und ausschließlich auf konsequentieller Ebene bewertet, kommt irgendwann in eine ethische Sackgasse. Liegt der Bewertungsschwerpunkt exklusiv auf den Folgen, so können selbst moralisch verwerfliche Handlungen wie Mord gerechtfertigt werden und als gut gelten. Und das können wir nicht wollen.

DAS GEGENTEIL VON GUT

Die Lehre aus einem unterkomplexen Utilitarismus muss lauten: Der Zweck ist wichtig, aber der Zweck heiligt nicht immer die Mittel. Gut gemeinte Absichten können desaströse Folgen haben. Indem wir lediglich auf die Handlungsfolgen schauen und alles andere außer Acht lassen, vernachlässigen wir etwas ganz Wesentliches: das ethische Wie. Um eine englische Redensart zu bemühen: *The road to hell is paved with good intentions*. Der Weg zur Hölle ist mit guten Vorsätzen gepflastert. Weder können gute Absichten noch gute Konsequenzen, jeweils isoliert für sich genommen, eine grausame Handlung legitimieren. Offenbar braucht es mehr. Eine Terrorgruppe GAF, die mit noblen Absichten grausame Taten rechtfertigt, kann selbst dann nicht als moralisches Vorbild taugen, wenn sie schlussendlich Erfolg hätte und sich die Gesellschaft, zumindest umweltethisch, ihretwegen zum Besseren veränderte.[82] Ein gut gemeinter Mord muss in einer anständigen Ethik verwerflich bleiben.

Zur Ethik der Freiheit gehört, drei Ebenen ausgewogen zu gewichten: die Absicht, die Handlung selbst und die Handlungskonsequenz. Das Davor, das Währenddessen und das Danach. Unser Terrorismus-Gedankenexperiment veranschaulicht, dass eine adäquate Theorie der Freiheit die Interessen aller gebührend berücksichtigen muss. Man kann sich nicht von einer Kleingruppe terrorisieren lassen. Ein möglichst gerechter Interessenausgleich aller muss das Ziel einer gemeinwohlorientierten Ethik sein. Allein gute Absichten oder vermeintlich positive Konsequenzen anzuführen, kann also nicht genügen. Auch das Wie einer Handlung und die Art und Weise, wie man Ziele erreicht, zählt in die ethische Gewichtung hinein.

Denken wir dieses Beispiel weiter: Die Polizei fasst einen der GAF-Terroristen – kurz nachdem die drei Manager von der Terrorgruppe entführt worden sind. Die Polizei hat allen Grund, davon auszugehen, dass der Terrorist – nennen wir ihn Ralf (24) – weiß, wo die anderen Mitglieder seiner Bande die Geiseln versteckt halten. Das Problem: Ralf schweigt. Selbst als sie ihm eine insgesamt sehr milde Strafe im Tausch gegen sein Wissen anbieten: »Mit den Bullen rede ich nicht.«

Keine Frage: Die Polizei wird allerlei Druck auf einen verhafteten Terroristen ausüben. Bis zu einem bestimmten

Punkt darf und muss sie das auch. Wie weit darf dieser Druck allerdings gehen? Hätten die Ermittler in diesem Fall – immerhin gibt es drei entführte Geiseln, die zu diesem Zeitpunkt vermutlich noch leben – etwa das Recht, Ralf zu foltern? Oder zumindest mit Folter zu drohen? Es ist ein festes Actionfilm-Motiv, dass Polizisten »die Bösen« vielleicht nicht direkt foltern, aber zumindest ein wenig misshandeln (zum Beispiel durch Schläge), um ein Geständnis zu erpressen. In der Realität aber missfällt es den meisten von uns, von brutalen, prügelnden Polizisten zu erfahren – und sei es für den guten Zweck. Physische Gewalt darf nur das letzte Mittel sein in einem demokratischen Rechtsstaat, und auch da in der Regel nur defensiv. Direktes Foltern fällt also aus. Aber wie ist es mit dem Androhen von Gewalt? »Sag uns, wo ihr die Geiseln versteckt habt, oder gleich passiert dir was!« Ist das noch in Ordnung, aus berufsethischer Perspektive?

Dies ist keineswegs nur ein hypothetisches Beispiel, wie der Fall Magnus Gäfgen zeigt. Der Jurastudent entführte im September 2002 den elfjährigen Bankierssohn Jakob von Metzler. Kurz nach der Entführung ging ein Erpresserschreiben bei den Eltern ein. Der Entführer verlangte eine Million Euro Lösegeld. Das Geld wurde übergeben und der Täter erst von der Polizei observiert, kurz darauf festgenommen. Im Verhör beschuldigte Gäfgen diverse angebliche Mittäter und weigerte sich zugleich, Angaben zum Verbleib des entführten Jungen zu machen. Unter Wolfgang Daschner, dem damaligen Polizeivizepräsidenten, kam es schließlich gegenüber Gäfgen zur Gewaltandrohung. Dieser machte daraufhin Angaben zum Verbleib des noch als lebend vermuteten Jungen. Die Polizei musste allerdings feststellen, dass Gäfgen den Elfjährigen direkt nach der Entführung ermordet hatte.

Dieser Fall ist ein gutes Beispiel für ethische Güterabwägung, weswegen er oft in Ethik-Einführungen besprochen wird und sich auch zur Diskussion mit Heranwachsenden eignet. Meist kommen schon Jugendliche zu dem Schluss, dass noble Motive, für sich genommen, nicht jede Handlung rechtfertigen können. Ähnlich sah dies das Frankfurter Landgericht. Polizeivizepräsident Daschner und ein weiterer Kriminalhauptkommissar wurden in einem Strafprozess zu einer Geldstrafe verurteilt. Die sogenannte Rettungsfolter verstößt, da ist sich die Rechtsprechung einig, sowohl gegen die Menschenwürde als auch gegen das Grundgesetz. Gerade weil das Wie einer Handlung über ihre Bewertung mitentscheidet, kann Gewaltandrohung kein legitimes Mittel rechtsstaatlicher Gemeinwohlgewährleistung sein. Auch eine Drohung ist psychische Gewalt.

LOOKING FOR FREEDOM

»George sitzt da mit einem Glas Brandy vor sich. Niemand hält ihm eine Pistole an den Kopf und sagt ihm, er solle trinken. Es gibt keinen Zwang und auch keinen Hinderungsgrund – nichts zwingt ihn zu trinken, nichts hält ihn davon ab. Er ist frei zu tun und zu lassen, wie es ihm beliebt. Doch George ist Alkoholiker. Er weiß, dass es schlecht ist für ihn, er könnte sogar daran sterben. Er könnte seine Freunde verlieren, seine Familie, seine Kinder, seine Arbeit, seine Würde, seine Selbstachtung … doch er kann nicht anders. Er streckt die zittrige Hand nach dem Glas aus … und hebt es an seine Lippen.«[83]

Der Philosoph Isaiah Berlin (1909–1997) brachte weitere

analytische Klarheit in den Freiheitsdiskurs, indem er eine wichtige Unterscheidung traf – die zwischen positiver und negativer Freiheit. Im Verlauf dieses Buches haben wir beide Formen schon kennengelernt, allerdings ohne sie so zu nennen. Auch im Falle von George sind mehrere Freiheiten am Werk. »Es gibt keinen Zwang und auch keinen Hinderungsgrund – nichts zwingt ihn zu trinken, nichts hält ihn davon ab.« In diesem Satz steckt das ganze Dilemma vieler Suchtkranker. Es scheint, zumindest von außen betrachtet, keinen Zwang zu geben. Und doch spielt sich ein Kampf ab. Bücher wie *Der Trinker* von Hans Fallada oder *Panikherz* von Benjamin von Stuckrad-Barre legen eindrucksvoll Zeugnis ab darüber, was es heißt, seine Freiheit an einen Suchtstoff zu verlieren.

Sehen wir uns die Unterscheidung zwischen positiver und negativer Freiheit genauer an. Man nennt sie auch »Freiheit von« und »Freiheit zu«. Freiheit von (negative Freiheit) bedeutet, dass es keine Hindernisse gibt, die die eigene Freiheit begrenzen. In diesem Sinne ist selbst der trinkende George frei. Er kann sich im Supermarkt eine Schnapsflasche kaufen, zu Hause anschließend das Glas ungehindert füllen, nehmen und zum Mund führen usw. Freiheit zu (positive Freiheit) bedeutet die Möglichkeit der freien Entscheidung, auch Handlungsfreiheit und Autonomie genannt. Positive Freiheit besteht nach Berlin auch in der Freiheit, selbstbestimmt und eigenverantwortlich Ziele zu realisieren. In diesem Sinne ist George unfrei, abhängig.

Spulen wir vor. George ist mittlerweile in einer Entzugsklinik. George hat, einige Monate später, eingesehen, dass er sein Trinken nicht allein in den Griff bekommt. Er sucht sich Hilfe, und er findet sie in Form einer stationären Therapie. Beim Klinikaufenthalt ist George nicht bloß von ärztlichem Fachpersonal umgeben, das ein genaues Auge auf seine medizinische Verfassung wirft. Darüber hinaus wird sein Tag strukturiert, sein Alltag überwacht. Paradoxerweise verliert George vorübergehend einen Teil seiner Freiheit durch das größere Projekt, sich seine Autonomie langfristig zurückzuerkämpfen.

Sobald George sich in eine Entzugsklinik begibt, bedeutet dies keineswegs, dass sein Drang, zu trinken, von jetzt auf gleich verschwindet. Zunächst bedeutet der Klinikaufenthalt eine radikale Veränderung seiner negativen Freiheit – oder, anders betrachtet, eine radikale Zunahme an Regeln, Einschränkungen, Zwängen. Man wird vielleicht sein Zimmer durchsuchen, ob er dort Alkohol versteckt. George wird regelmäßig Atemalkoholkontrollen über sich ergehen lassen. Er erhält Regeln, ob und wie lang er das Klinikgelände verlassen darf usw. An die Stelle von äußerlich ungehinderter Handlungs- und Konsumfreiheit tritt die – wenn auch selbsterwählte – institutionelle Kontrolle. Suchtproblematiken sind besonders kompliziert, da sie die Handlungs- und Denkweise von Menschen umfassend einschränken. Wer suchtkrank ist, verliert die Kontrolle über seinen Willen, seine Absichten und schließlich über seine Taten.

Nehmen wir ein anderes Beispiel. Stellen wir uns Jan vor. Jan ist Schriftsteller und möchte ein Buch schreiben. Er muss sogar Bücher schreiben, denn Schreiben ist sein Beruf. Weil wir im 21. Jahrhundert leben, schreibt Jan seine Bücher nicht mehr per Hand oder an der Schreibmaschine, sondern am Computer. Allerdings gibt es ein kleines Problem: Am Computer schreibt Jan nicht nur sein Buch; er macht dort auch allerlei andere Dinge. Jan ist sehr aktiv in den sozialen Netzwerken, vor allem auf Twitter und auf Instagram. Anstatt sein Buch zu schreiben, hängt er also im Internet herum, lässt sich ablenken, chattet mit Menschen, teilt Bilder und Memes, nimmt am politischen Geschehen teil, freut sich über den Austausch mit anderen, genießt die ganzen Likes – und schon ist der halbe Vormittag rum, bevor er auch nur eine Seite geschrieben hat.

Sie haben es bestimmt schon gemerkt: Jan ist nicht fiktiv. Die Geschichte handelt von mir. Ich bin Jan. Wie bei uns allen ist die Freiheitsfrage auch für mich keine rein theoretisch-philosophische, sondern durchaus eine alltägliche und lebenspraktische. Sie betrifft unter anderem meinen Beruf. Als ich nach einiger Recherche anfing, diesen Text zu verfassen, wusste ich zwar um die Möglichkeit permanenter Online-Ablenkung; allerdings hatte ich wirklich keine Lust, dieses Buch per Hand zu schreiben. Auch nicht an einer Schreibmaschine. Die schlechte Nachricht: Ich habe manchmal ein Problem mit Konzentration und Ablenkung. Dieses Problem teile ich mit Millionen anderen Menschen (da mittlerweile circa 70 Prozent der Weltbevölkerung online sind: vielleicht mit über einer Milliarde).[84] Anstatt zu arbeiten, hängen wir lieber in den schönen Ecken des Internets ab, wo wir Dinge tun, die uns erfreuen und unsere Gehirne mit Serotonin und Dopamin fluten. Tatsächlich belegen Studien, dass Likes im Internet unsere Gehirne Glückshormone produzieren lassen; und es zeigen sich Parallelen zum Drogenkonsum.

Doch wo ein Problem ist, das Millionen teilen, hat sich jemand eine Lösung überlegt. Abhilfe gibt es zum Beispiel in Form von Software, die uns dort weiterhilft, wo wir menschlich versagen. Programme wie Freedom bieten eine radikale Möglichkeit. Sie kappen das Internet. Du sagst dem Programm, wie lange du frei von Online-Ablenkung sein »möchtest«, und dann demontiert es deine WLAN-Verbindung zeitweise. Installierst du Freedom, bist du endlich frei. Kein Instagram, kein Twitter, kein Chatten, keine Nachrichtenseiten, keine Tagespolitik, keine Katzenfotos. Stattdessen läuft ein Countdown, der dich darüber informiert, wie lange du es noch offline aushalten musst. Solche Apps nehmen uns auf brutale Weise die Möglichkeit, uns abzulenken. Der Computer wird wieder zur Schreibmaschine. So schaffen wir, was wir ohne sie nicht schaffen.

Ähnlich wie Willensfreiheit und Handlungsfreiheit hängen *Freiheit von* und *Freiheit zu* eng zusammen. Wer niemandes Sklave sein will, möchte selbstbestimmt leben. Positive und negative Freiheit sind zwei Seiten derselben Medaille. Manch äußere Regel mehrt die innere Freiheit. Stellen wir uns eine Weide voller Kühe vor. Der Bauer hat die Weide umzäunt, damit die Kühe nicht weglaufen. Die Bewegungsfreiheit der Kühe ist also äußerlich eingeschränkt. Ihr Leben ist nicht frei von Zäunen. Im Gegenteil: Sie können sich nur innerhalb der Zaungrenzen frei bewegen (negative Freiheit). An welcher Stelle die Kühe aber grasen, wo sie sich ein sonniges Plätzchen zum Dösen aussuchen usw. – das bestimmen sie selbst (positive Freiheit). Innerhalb finiter Grenzen sind sie frei, zu tun und zu lassen, was sie wollen. Mit uns Menschen ist es durchaus ähnlich. Nur, dass unsere Zäune immateriell sind und aus Erwartungen, Gesetzen und, ja, auch aus moralischen Normen bestehen. Aber innerhalb der Grenzen von Gesetzen und sozialen Normerwartungen sind wir frei, zu tun und zu lassen, was wir wollen.

Zurück zur Moral. Aus ethischer Sicht ist zu beachten, wer uns einschränkt, wie wir eingeschränkt werden und schließlich, warum. Ein Suchtkranker, der sich selbst in eine Entzugsklinik begibt, ist zwar ganz offenbar nicht mehr einverstanden mit seinem Konsumverhalten, aber einverstanden mit dem Klinikaufenthalt. Jedenfalls im weiteren Sinne. Er hat die Absicht zur Besserung. Anders formuliert: Die Situation des Suchtkranken, der sich freiwillig in Behandlung begibt, ist einvernehmlich. Die Lage seiner Freiheiten ändert sich radikal, aber immerhin will er es so. Nennen wir dies das Einvernehmlichkeitskriterium.

Einvernehmlichkeit spielt kontextübergreifend eine große ethische Rolle. Wir wollen, dass unser Wille und unsere Absichten respektiert werden. Das geht von »No means No«-Kampagnen der sexuellen Einvernehmlichkeit über Bewegungen zur reproduktiven Selbstbestimmung bis hin zu teilweise weltfremden Beschwerden an Politik und Gesellschaft, man sei mit Zustand X oder Regel Y aber persönlich nicht zufrieden und deshalb sei dies bitte flugs zu ändern. An der Omnipräsenz des Zustimmungsprinzips und der Vehemenz, mit der es vertreten wird, ist ablesbar, welche immense Rolle wir der Selbstwirksamkeit zuschreiben, privat wie politisch. Wir wollen befragt und bestenfalls erhört werden. Der Wunsch, Gehör zu finden, ist schlichtweg menschlich. Gleichwohl haben wir gesehen, dass es aus ethischer Perspektive keineswegs wünschenswert oder überhaupt möglich ist, in einer Gesellschaft zu leben, in der sich alle einvernehmlich über alle Regeln einigen. Das mag in einer Wohngemeinschaft funktionieren, nicht aber in einer Gesellschaft.[85] In einer Gesellschaft kommt es dort zu Konfliktpunkten, wo Regelungen alle betreffen und es – aus

Gründen der Gerechtigkeit – keine nennenswerten Ausnahmen gibt, obwohl manche sich diese wünschen.

DIE GESCHICHTE REIMT SICH

In einer komplexen Gesellschaft ist es selbstverständlich, dass es immer etwas gibt, was uns beschränkt, unsere Handlungen regelt und individuellen Spielraum einengt. Die Frage ist also nicht, ob wir überhaupt Regeln haben wollen, sondern vielmehr, welche. Nicht die Existenz von Einschränkungen und Regeln steht zur Debatte, sondern ihre ethische Legitimität. Nirgends haben wir dies deutlicher gesehen und hitziger diskutiert als während der Corona-Krise. Vor allem ging es um Fragen der ethischen Autonomie des Körpers. Dass dies ein weites Feld ist, haben wir im Kapitel zuvor diskutiert. Jetzt möchte ich die allgemeine ethische Legitimität körperlicher Einschränkungen anhand dreier Beispiele besprechen: der Gurtpflicht im Auto, der Maskenpflicht zu Pandemiezeiten und Impfpflichten allgemein.

Fangen wir mit den Gemeinsamkeiten an. Bei allen drei Bestimmungen handelt es sich um Aspekte negativer Freiheit. Der Sicherheitsgurt muss beim Autofahren angelegt werden, die Maskenpflicht verlangt das Tragen einer Schutzmaske in bestimmten Situationen, und eine Impfpflicht – jede Impfpflicht, nicht spezifisch eine Corona-Impfpflicht – regelt, wer sich unter welchen Umständen womit impfen lassen muss. All das schränkt uns in unserer Freiheit ein, wenn auch auf unterschiedliche Art und Weise. Oberste Maxime ist in allen drei Fällen der Imperativ der Schadensvermeidung. Der Sicherheitsgurt schützt vor schweren Verletzungen im Fall eines Unfalls; eine FFP2-Maske verringert die Ansteckung mit Atemwegsinfektionen jeglicher Art; eine Impfung schützt vor schwerwiegenden Verläufen. So offenkundig Sinn und Zweck der jeweiligen Einschränkungen sind, so offenkundig ist auch der Widerstand dagegen.

Als europäische Länder in den 1970er-Jahren die Anschnallpflicht fürs Auto einführten, war der Aufschrei groß. Ohne Zweifel: Der Sicherheitsgurt rettet Leben. So viel ist klar. Die Frage war vielmehr: Darf der Staat das? Mir vorschreiben, was ich tun und lassen soll? Unter Androhung von Strafe? Der Gurt als effektive Schutzmaßnahme traf auf einen Bürger, der, plötzlich zwangsgefesselt ans Vehikel, das Ende seiner Freiheit heraufbeschwor. Es war nicht der Gurt, der ihn störte. Es war die Gurt*pflicht*.

Mark Twain hat gesagt: »History doesn't repeat itself – but it often rhymes.« Während die Gurtfrage tendenziell geklärt zu sein scheint, haben sowohl die Maskenpflicht als auch die (Corona-)Impfpflicht zu größeren diskursiven Verwerfungen geführt. Es wurde gestritten bis aufs Blut. Die Bevölkerung teilte sich während der Corona-Pandemie in mindestens zwei Lager. Auf der einen Seite die Pragmatiker und Verfechter einer Ethik des gesunden Menschenverstandes. Ebenso, wie die Gurtpflicht ihre Berechtigung hat, weil Gurte Menschenleben retten, so hat die Maskenpflicht für pragmatische Menschen ihre eindeutige ethische wie politische Berechtigung. Auf der anderen Seite die Liberalen, Libertären und Autonomisten, die den Staat vor allem als leisen, unsichtbaren Ermöglicher sehen und weniger als Bestimmer von Spielregeln. Für sie ist jede Vorschrift Gift: Von Beginn an wetterten sie gegen die Maskenpflicht, forderten ihre Aufhebung dort, wo sie eingeführt war – und lehnten Impfpflichten so gut wie durchgehend ab, egal, ob berufsbezogen, einrichtungsbezogen oder ganz allgemein.

Wie immer bei ethischen Abwägungsfragen stehen verschiedene Schutzgüter einander gegenüber und müssen im konkreten Kontext gewichtet werden. Die Gurtpflicht im Auto bezieht sich vor allem auf die Verpflichteten selbst: Das Schutzgut ist hier die persönliche Gesundheit der Autoinsassin. Wer angeschnallt ist, kommt bei Unfällen viel seltener zu Schaden. Dieser Eigenschutz steht im Konflikt mit Aspekten der Bewegungsfreiheit, wobei im Diskurs der 1970er das psychologische Unbehagen, quasi auf Gedeih und Verderb ans Auto geschnürt zu sein, eine immense Rolle spielte. Die Diskussion zur Einführung der Gurtpflicht verlief damals fast lächerlich deckungsgleich zum Corona-Diskurs. In einem *Spiegel*-Artikel mit dem spektakulären Titel »Die Furcht vor der Fessel« (1975) fragten die Redakteure mit dramatischer Geste: »Soll und darf der liberale Staat die Auto-Bürger zum Überleben zwingen?«[86] Das Framing, also der sprachlich-bildliche Gesamtzusammenhang, war damals oft »Der Staat zwingt dich zu etwas« und selten »Der Staat kümmert sich um deine Sicherheit«. So verlief die Diskussion schließlich auch während Corona.

Wir sehen auch inhaltlich eine gewisse Analogie. Gurtpflicht und Maskenpflicht: beides Eingriffe, welche die körperliche Selbstbestimmung des Menschen betreffen. Per Gurt angeschnallt, ob man will oder nicht; Maske im Gesicht, ob man will oder nicht. Gegebenenfalls Strafe bei Zuwiderhandlung. Für die Einsichtigen kein Problem, für die Uneinsichtigen ein Verstoß gegen das individuelle Einvernehmlichkeitsprinzip. Zugleich existieren offenkundige Unterschiede. Ein Autounfall ist nicht ansteckend (außer für die involvierten Autos). Während der Sicherheitsgurt exklusiven Selbstschutz darstellt,[87] gewinnt die FFP2-Maske eine weitere verantwortungsethische Dimension, indem die Trägerin dadurch auch andere schützt. In diesem Fremdschutz liegt ein Großteil ihrer ethischen Legitimation. Wären Masken wirkungslos, würden wir sie nicht tragen, auch wenn radikale Maskengegnerinnen und Verschwörungstheoretiker immer wieder, jenseits jeglicher Empirie, Stimmung gegen das Maskentragen machten. Fakt ist: Wir haben Covid-19 als außerordentlich infektiöses Virus kennengelernt, das sich mühelos beim normalen menschlichen Umgang durch die Luft verteilt. Gesichtsmasken verändern und filtern die Raumluft auf eine Weise, die das Infektionsrisiko reduziert. Und da wir, zumindest auf Dauer, menschlichen Umgang weder aus praktischen, ethischen noch aus politischen Gründen unterbinden können und wollen, so ist es eben doch sinnvoll, zumindest dann, wenn viel Virusgeschehen absehbar ist (zum Beispiel im Winter, in Innenräumen), eine Maske zu tragen und, wo es wirklich nötig ist, zur Maske zu verpflichten.

Das sehen natürlich nicht alle so. Einspruch gegen die angebliche Nötigung, zum Schutz eine Maske tragen zu müssen, wurde allerdings wiederum vielfach kritisiert und die autonomistische Haltung dahinter parodiert. So schrieb eine Twitter-Nutzerin sarkastisch: »Ich kümmere mich nicht mehr um den Sicherheitsgurt. Ein Ende von Autounfällen ist nicht in Sicht und man kann ja wohl kaum von uns erwarten, den Gurt auf ewig zu tragen.«[88] Ein weiterer Autor, James Hamblin, äußerte seinen Unmut an der Schwerkraft und den damit verbundenen Zumutungen: »Ich habe mich an die Schwerkraftsregeln gehalten. Ich trug einen Fallschirm beim

Sprung aus dem Flugzeug. Ich habe ›Treppen‹ genutzt, um hohe Gebäude zu verlassen. Ich war sogar vorsichtig an Felsspalten und Brunnen. Aber genug ist genug. Wir wollen unser Leben zurück!«[89]

Wie verhält es sich mit der ethischen Legitimität von Impfpflichten? Während die Maskenpflicht eine temporäre Unannehmlichkeit darstellt, ist eine Impfung ein medizinischer Akt, und es muss, um den Deutschen Ethikrat zu zitieren, »berücksichtigt werden, dass es sich bei der Impfung um einen Eingriff in die körperliche Integrität einer Person handelt, der generell einer höheren Begründungslast unterliegt«.[90] Höhere Begründungslast heißt: Auch solche Eingriffe sind nicht grundsätzlich verboten, auf ihre Begründung kommt es an.

Im weiteren Sinne handelt es sich hierbei um Biopolitik. Damit bezeichnete der französische Philosoph Michel Foucault den Grundgedanken, dass der moderne Staat sich zunehmend für das Leben (griech. *bios*) seiner Bürger interessiert. Der (post-)moderne Staat mischt sich gesetzgebend ein mit dem Ziel, den Bürger zum Leben zu verpflichten. Selten war Biopolitik präsenter als zu Zeiten der Corona-Pandemie. Aber ist das schon Schikane?

Ein übergriffiger Staat wäre in der Tat abzulehnen. Ein Staat, der bis ins Privateste hineinreguliert. In einer Pandemie allerdings, die weltweit Millionen Menschenleben gekostet hat, die Millionen weitere Leben ruiniert (etwa jener Menschen, die an Long Covid leiden), die Krankenhäuser chronisch an die Belastungsgrenze treibt und unsere Welt, wie sie war, auf den Kopf stellte – in einer solchen gesellschaftlichen Krisensituation gilt die »Politik der ersten Person«: Das Private ist politisch. Ob ich mich impfen lasse oder nicht, hat eine Folgewirkung auf andere. Insofern ist es moralisch nachvollziehbar, dass Menschen sich gegenseitig zur Impfung motivieren – und der Staat nachhilft, wo Motivation und Eigenverantwortung versagen.

In der Diskussion um die Frage, was der Staat und die Zivilgesellschaft rechtmäßig vom Individuum erzwingen dürfen und was nicht, zeigt sich ein alter ethischer Dissens. Es ist der Streit zwischen Utilitaristinnen und Kantianern. Als Utilitarismus wird, wie gesagt, klassischerweise jene auf Jeremy Bentham und John Stuart Mill zurückgehende Denkrichtung bezeichnet, die den ethischen Wert einer Handlung primär an ihren (wahrscheinlichen) Konsequenzen bemisst. Die Denkrichtung ist uns in diesem Buch schon mehrfach begegnet. Ihr gegenüber stehen die Pflichtethikerinnen in der Nachfolge von Immanuel Kant. Sie bewerten Handlungen unabhängig von ihren Folgen als gut oder schlecht.

Lügen beispielsweise ist aus Perspektive der Pflichtethiker nicht moralisch schlecht, weil man jemanden täuscht, sondern an sich falsch. Was man mithilfe einer Gegenprobe feststellen kann: Ich sollte nicht lügen, weil ich selbst nicht angelogen werden will. Und weil wir, über die persönliche Ebene hinaus, nicht in einer Gesellschaft leben wollen, in der die Lüge als normal oder legitim gilt. Etwas technischer formuliert: Lügen verstößt gegen den Grundsatz der Universalisierbarkeit. Eine Gesellschaft, in der jeder lügt, wann ihm oder ihr danach ist, oder sobald man Vorteile daraus zieht, wäre keine wünschenswerte. Kant geht sogar einen Schritt weiter und sagt, eine Lüge korrumpiere das Prinzip der Wahrhaftigkeit. Etwas allgemeiner, in den Worten des kategorischen Imperativs: »Handle nur nach derjenigen Maxime, durch die du zugleich wollen kannst, dass sie ein allgemeines Gesetz werde.«[91]

Ein weiterer Bestandteil dieser Ethik ist die sogenannte Selbstzweckformel. Sie besagt, dass Menschen füreinander immer ein Zweck an sich sein sollen, nie nur Mittel zum Zweck. In diesem Sinne kann meine Aufforderung, mein Nebenmann möge sich bitte impfen lassen, niemals allein auf der Konklusion beruhen, dass ich dadurch besser geschützt bin, weil zum Beispiel die Krankenhäuser weniger überlastet sind oder die Impfung – je nach Virusvariante – kurzzeitig das Infektionsrisiko verringert. Niemand ist lediglich das Vehikel für das Wohl eines anderen.

Der Utilitarist John Stuart Mill formuliert wiederum in *Über die Freiheit* (1859) das sogenannte Schadensprinzip: »Der Grundsatz lautet, dass der einzige Grund, aus dem die Menschheit, einzeln oder vereint, sich in die Handlungsfreiheit eines ihrer Mitglieder einzumischen befugt ist, im Selbstschutz besteht. Der einzige Zweck, für den man zu Recht Zwang gegen den Willen eines Mitglieds einer zivilisierten Gemeinschaft ausübt, ist die Vermeidung der Schädigung anderer.«[92] Hier zeigt sich ein wesentlicher Unterschied zwischen Pflichtethik und utilitaristischer Ethik. Die Handlungsbewertung verschiebt sich von der Handlung selbst und ihrer ethischen Natur (Pflichtethik) hin zur Handlungskonsequenz (Utilitarismus). Schlecht ist für Mill, was schlecht wirkt, also schädliche Konsequenzen nach sich zieht.

Pflichtethikerinnen und Utilitaristen setzen unterschiedliche Schwerpunkte bei der Handlungsbewertung. Ob das Masketragen, das Anschnallen oder das Impfen forciert werden sollte, hängt nicht zuletzt vom Ethikmodell und seiner jeweiligen Schwerpunktsetzung ab. Nichtsdestoweniger kommen unterschiedliche Ethiken mitunter zu ähnlichen Schlüssen. Individualfreiheit muss spätestens dort aufhören, wo sie Schaden anrichtet. Was man nicht zum allgemeinen Gesetz erheben kann und was absehbare Negativfolgen erwirkt, das lässt man lieber.

Selbstbestimmung wird dort moralisch problematisch, wo sie zum Ellbogenrecht des Stärkeren verkommt. Dieses Ellbogenrecht kennt man auch unter dem Begriff »Sozialdarwinismus«. Damit ist eine Verherrlichung der Durchsetzungsfähigkeit des Stärkeren gemeint. Folge sind oft Spott und Verachtung für Menschen, die wohnungslos, von Erkrankungen oder von Armut betroffen sind – für all jene, die aus Sicht des Sozialdarwinisten nicht stark genug sind, um erfolgreich allein zu bestehen. Politisch gesehen, bezeichnet Sozialdarwinismus, um die Bundeszentrale für politische Bildung zu zitieren, »eine menschenverachtende Perspektive auf Randgruppen der Gesellschaft und sozial Schwächere«. Sozialdarwinistische Positionen eint, dass sie nicht solidarisch sind mit Schwächeren und stattdessen Stärke, Gewalt und Brutalität glorifizieren.

Sozialdarwinistisches Denken ist somit eine tragende Säule des Rechtsextremismus. Ebenso wie Libertären und Extremliberalen geht es dem Sozialdarwinismus primär um Individualstärke. Charles Darwin hätte dies nicht gefallen. Seine wissenschaftliche Botschaft wird in dieser Darstellung verzerrt und verfremdet. Darwin argumentierte keineswegs für einen biologischen Brutalismus, der im evolutionären Kampf aller gegen alle besteht. Dem Evolutionsbiologen war bekannt, dass Zusammenarbeit und Kooperation auch im Tierreich nicht nur üblich, sondern fundamental sind – und

Entwicklungsvorteile mit sich bringen. Mit anderen Worten: Nicht mal im Tierreich stimmt der Individualismus.

Wir haben Ethik als die Lehre von Richtig und Falsch kennengelernt. Ihr Gegenstand ist die Moral und somit das menschliche Handeln in all seinen sozialen, meist konfliktreichen, Ausprägungen. Was die Ethik von anderen Wissenschaften unterscheidet, ist, dass sie nur wenige fundamentale Wahrheiten zu bieten hat. Wie andere Wissenschaften bietet sie allerdings einige Modelle an, um die Wirklichkeit besser zu begreifen. Diese nehmen das menschliche Handeln unter die Lupe, manchmal sogar unter das Mikroskop. Ergebnis ist eine genaue Analyse sozialer Konflikte, eine Reflexion sozialer sowie politischer Normen. Die Ethik gibt uns also praktische Ratschläge an die Hand, was zu tun und zu lassen ist. Somit ist ihre Bedeutung für die Freiheitsdiskussion evident. Wenn wir uns fragen, wie weit Individualfreiheit in einer Sozialgemeinschaft gehen kann, müssen die Argumente, die diese Individualfreiheit beschränken, ethische und politische Argumente sein. Gesellschaftliche, überindividuelle Freiheit gelingt nur durch einen erfolgreichen ethischen Rückbezug auf den anderen Menschen, der, ebenso wie ich, Ansprüche, Rechte, Wünsche, Absichten usw. hat. Meine Freiheit gewinnt erst durch deine Freiheit an Relevanz. Eine Ethik der ersten Person Singular muss einer Ethik der ersten Person Plural weichen. Wenn jeder an sich denkt, ist eben nicht an alle gedacht. Das ist der individualistische Trugschluss. Was wir benötigen, ist eine Ethik des Wir.

KAPITEL 4

DAS ICH IM WIR – SOLIDARITÄT UND VERANTWORTUNG

Großprojekt dieses Buches ist die Versöhnung zwischen dem Ich und dem Wir. Dieses Versöhnungsprogramm ist bitter nötig. Denn es gibt allerhand Gründe für individualistische Missverständnisse. Wir leben, vermeintlich losgelöst von unseren Artgenossen, in Einzelwohnungen. Wir bewältigen den Alltag als wirtschaftliche Ich-AGs im Einzelkämpfermodus. Wir sind Träger höchst individueller Rechte, die wir im Zweifel auch gerichtlich einklagen – alles in der beständigen Annahme, ein rundum selbstbestimmter, handlungsfreier Einzelmensch zu sein.

Doch wenn wir genauer hinsehen, zeigt sich: Selbst das schönste Privatgrundstück ist abhängig von jenen, die es beliefern und versorgen. Beruflich sind wir in ein Netz wechselseitiger Abhängigkeiten eingebunden, was sich am besten daran zeigt, dass, trotz gefühlter Einzelkämpfermentalität, etwa vierzig Prozent von uns wegen persönlicher Kontakte einen Job bekommen haben.[93] Unsere individuellen Rechte werden, insbesondere vor Gericht, von Richterinnen und Richtern gegen die Rechte unserer Mitmenschen ausbalanciert und abgewogen. Und unsere Selbstbestimmung und persönliche Freiheit stoßen unweigerlich dort an Grenzen, wo sie auf soziale Pflichten, ethische Normen und formelle sowie informelle Regeln treffen – Vorstellungen also, die von anderen an uns herangetragen werden.

Von A wie Autofahren über B wie Böllern bis hin zu Z wie Zeit erleben wir eine durchgetaktete Welt, die mitnichten unserer alleinigen Gestaltung unterliegt, sondern die andere mitbestimmen und mitgestalten. Ist dies nicht eine traurige Bilanz? Wir sind weniger frei, als wir glauben. Autonomie ist nur ein Trugschluss. Müssen wir das Projekt Freiheit also begraben? Führt die Entzauberung der individualistischen Perspektive auf Selbstbestimmung unvermeidlich zur Erkenntnis, dass wir unfrei sind, fremdbestimmt, Sklaven der Gesellschaft und Umstände? Der moderne Mensch – ein autonomistisches Missverständnis?

Keineswegs. Wir sind einerseits Individualistinnen, die sich als willensfrei und handlungsfrei erleben. Aber auch die andere Seite der Medaille stimmt. Wir sind sozial determinierte Gemeinschaftsmitglieder, die nicht nur den äußeren Spielregeln ihrer Gesellschaft unterliegen, sondern diese qua Sozialisation tief verinnerlicht haben. Sogar so tief, dass wir manche Prägung nur schwer wieder loswerden.

Das Versöhnungsprogramm zwischen Sozialität und Individualfreiheit muss also eine Brückenfunktion haben. Es muss beiden Seiten des Menschlichen Rechnung tragen: uns einerseits in der Beschreibung gerecht werden als freie Einzelmenschen und andererseits als abhängige Mitglieder einer Sozialgemeinschaft. Und die Säulen, die das Fundament der Brücke zwischen Ich und Wir tragen, heißen: Solidarität und Verantwortung. Darum geht es in diesem Kapitel.

»Wir sind die Partei der Eigenverantwortung und suchen die Schuld deshalb nicht bei anderen. Das ist ein Zeichen unserer Selbstachtung.« Diese Zeilen schrieb FDP-Bundesvorsitzender Christian Lindner auf Twitter – bereits im Jahr 2013.[94] Viele Jahre bevor die virale Infektionskrankheit Covid-19 die Welt in Unordnung stürzte, liest man hier bereits das liberale Mantra, das auch während der Corona-Krise gebetsmühlenartig wiederholt wurde. »Eigenverantwortung« wird einer »Schuld bei anderen« gegenübergestellt und das Ganze mit dem Konzept der »Selbstachtung« verknüpft. Das liberale Minnelied auf die Freiheit, mal wieder. Zustimmend muss man sagen, dass unsere Fähigkeit, nicht nur Dinge zu tun, sondern anschließend für unsere Taten die Verantwortung zu übernehmen, ein Leitprinzip menschlichen Handelns ist.

Gleichwohl scheint hier etwas schief zu sein. Ergänzend zur Eigenverantwortung sollten nicht Schuldzuweisungen kommen. Gerade unter Verweis auf unsere Selbstachtung müssen wir feststellen, dass wir als Menschen eben nicht nur Verantwortung für uns selbst übernehmen (Eigenverantwortung) als verinselte, unabhängige Existenzen. Weit typischer – und im liberal-autonomistischen Denken weit weniger präsent – ist die Verantwortung, die wir für andere und, oft zeitgleich, die wir wechselseitig füreinander übernehmen (soziale Verantwortung).

Zur Selbstachtung, damit wir in den Spiegel schauen können, gehört eben nicht nur die Individualautonomie, das heißt, was wir für uns selbst sind und durch unsere Handlungen darstellen. Hinzu kommt das, was wir für andere sind. Die Verantwortung als Sohn, Tochter, Mutter, Vater, Freundin, Arbeitnehmer, gute Kollegin, hilfsbereiter Nachbar, Babysitter, Ehrenamtliche, Vereinsmitglied, Schöffe und so weiter und so fort. Darüber liest man herzlich wenig im Mantra liberaler Politik, weil es nicht in eine individualistisch verkürzte Weltsicht passt. Denn zweifelsohne: Liberale schreiben Individualismus, Eigenverantwortung und persönliche Freiheit groß. Viele von ihnen so groß, dass sie dem autonomistischen Missverständnis unterliegen: »Denkt jeder an sich, ist an alle gedacht.«

Extremer sieht man diese Haltung nur bei Libertären. Libertäre erheben das autonomistische Missverständnis sogar zu ihrem Hauptprogrammpunkt. Der Trugschluss absoluter individueller Autonomie wird vom Denkfehler im Subtext (im Liberalismus) zum Refrain im Haupttext erhoben (im Libertarismus). Der Libertarismus feiert sich als Ideologie absoluter Unabhängigkeit, die weniges mehr liebt als das persönliche Eigentum und die Freiheit des Einzelnen – und weniges mehr hasst als Spielregeln und staatliche Autorität. Auf die Frage, wie man Libertäre am besten beschreiben könne, antwortete ein Twitterer auf eine Weise, die schnell viral ging: Hauskatzen. »Sie sind aufs Schärfste von ihrer Autonomie überzeugt, während sie komplett von einem System abhängen, das sie weder verstehen noch wertschätzen.«[95]

Wie Hauskatzen sind Libertäre – und viele Liberale – von ihrer Losgelöstheit von menschlicher Sozialität überzeugt. Die soziale Welt der anderen scheint sie nur randläufig zu tangieren. Sie schweben über den Dingen und existieren scheinbar nur ganz für sich allein. Bevor man mich missversteht: nichts gegen Katzen. Das sind ganz wunderbare Lebewesen. Dennoch ist die domestizierte Hauskatze vollumfänglich blind für das System, das sie schützend und unterstützend umgibt. Sie wird täglich gefüttert, bekommt Wasser, Wärme, ein gemütliches Plätzchen und, neben all der Sicherheit, meistens auch Zuneigung. Zum Dank zeigt die Hauskatze ihrer Familie auch mal die kalte Schulter. Ignoriert sie. Macht einen auf unabhängig.

Libertäre finden sich, ganz analog, eingebettet in eine soziale Umwelt, die ihren Snobismus überhaupt erst ermöglicht. Wer überall Privatautonomie und Eigenverantwortung sieht, ist blind für die kollektive Kraftanstrengung, die eine friedliche, demokratische, in weiten Teilen auch gemütliche Gesellschaft prinzipiell darstellt. Wer Steuern, Regeln, soziale Beiträge – seien sie Handlungsbeiträge oder finanzielle – primär als Bevormundung und Freiheitsbeschneidung sieht, verkennt die menschliche Ausgangslage und versteht nichts vom wechselseitigen Netz sozialer Verantwortung, das diese libertäre Blasiertheit überhaupt erst politisch ermöglicht. Wie Hauskatzen sind Autonomisten ohne ihre Gesellschaft verloren. Sie merken es nur nicht.

Wie schlecht Eigenverantwortung für sich genommen funktioniert, sieht man auch daran, dass man offenbar mantraartig an sie appellieren muss. Ich behaupte: Wäre Eigenverantwortung das relevanteste menschliche Sozialprinzip, müsste man sie nicht gebetsmühlenartig beschwören und anrufen. Wäre Eigensinn das vordergründige menschliche Regulativ, wäre eben doch für alle gesorgt, wenn nur jeder für sich sorgen würde. Stattdessen gibt es aber immer wieder liberale Ordnungsrufe, die versichern, man müsse die Menschen nur eigenverantwortlich machen lassen und soziale Konflikte verschwänden schon irgendwie von alleine – oder würden zumindest minimiert. Das ist reines Wunschdenken. Das Gegenteil ist der Fall.

Wie schlecht reine Ich-Verantwortung funktioniert, sahen wir während der Corona-Pandemie. »Menschen müssen für sich selbst sorgen. Wenn jemand Angst hat, soll er eben zu Hause bleiben«, sagte Wolfgang Kubicki mit Blick auf das Infektionsgeschehen bereits im Mai 2020, zu Beginn der Pandemie, bei *Anne Will*.[96] Ein halbes Jahr später sagte er im *ZDF*-Interview, als Corona offenbar doch nicht durch ein Zuhausebleiben der Ängstlichen verschwand: »Es ärgert mich, dass den Menschen erklärt wird: Ihr seid schuld, dass wir einen härteren Lockdown machen müssen.«[97] In den Beschreibungen liberaler Stimmen hieß es stets, die Lösung sei mehr Eigenverantwortung, mehr Freiheit; und beides müsse man verteidigen gegen einen angeblich übergriffigen Staat und seine angeblich maßlos gewordenen Handlanger.

Es ist zwar löblich, an die menschliche Selbstbestimmung zu glauben und ihr einen wichtigen Platz einzuräumen. Gleichwohl ist beim Errichten politischer Systeme und beim Bau weltanschaulicher Brillen ein wenig Realismus geboten. Man sollte nicht die Welt beschreiben, die man gerne hätte, sondern jene, die wirklich ist. Anders formuliert: Die Brille, durch die man schaut, sollte die Welt zeigen – und nicht verzerren. Bestenfalls übernehmen sowohl Philosophie als auch gesunder Menschenverstand hierbei die Rolle des Optikers. Schauen wir also hin.

Grenzenlose menschliche Eigenverantwortung scheitert schlimmstenfalls schon im Kleinen. Zum Beispiel im Supermarkt. Ein anonymer Internet-User machte dies mit einer unterhaltsamen »Einkaufswagentheorie« deutlich:

»Der Einkaufswagen ist der Lackmustest dafür, ob eine Person zur Eigenverantwortung fähig ist. Den Einkaufswagen zurückzubringen ist eine einfache, zweckmäßige Aufgabe, die wir alle als korrekt und angemessen anerkennen. Den Einkaufswagen zurückzubringen ist objektiv richtig. Abgesehen von Notfällen gibt es keine Situation, in der eine Person nicht in der Lage ist, ihren Wagen zurückzustellen. Gleichwohl ist es nicht illegal, seinen Einkaufswagen einfach irgendwo stehenzulassen. Insofern verkörpert das Einkaufswagenproblem auf herausragende Weise die Frage, ob jemand bereit ist, das Richtige zu tun ohne dazu gezwungen zu werden. Niemand wird dich dafür bestrafen, bringst du den Einkaufswagen nicht zurück; niemand wird dir ein Bußgeld geben oder dich umbringen, solltest du den Wagen einfach stehen lassen; du hast nichts davon, indem du ihn zurückbringst. Du bringst den Wagen zurück aus reiner Herzensgüte. Du bringst ihn zurück, weil es richtig ist. Weil es korrekt ist. Eine Person, die das nicht tut, ist nicht besser als ein Tier, ein durch und durch Wilder, den man lediglich zum Guten zwingen kann, indem man ihn bedroht mit Gesetz und Ordnung. Der Einkaufswagen entscheidet, ob ein Mensch ein gutes oder ein schlechtes Mitglied der Gesellschaft ist.«[98]

Stellenweise mag unser anonymer Internetphilosoph die kulturmetaphorische Bedeutung des Supermarktbesuchs überstrapazieren. Dennoch ist der Einkaufswagentest eine starke Metapher, und der Verfasser hat einen wichtigen Punkt getroffen. Es gibt lauter Kleinigkeiten im Alltag, an denen wir ein Scheitern autonomistischer Ethik beobachten –

oder Kleinigkeiten, deren Scheitern nicht nur durch Eigenverantwortung, sondern vor allem durch regulative Eingriffe unterbunden wird. Zugegeben: Auch Liberale und Libertäre bringen ihre Einkaufswagen wieder zurück. Im Zusammenspiel zwischen Supermarkt und Kunden stellt sich die Frage nach dem angemessenen Abstellplatz der Wagen weder als ein alltagspraktisches, organisatorisches Problem noch als ein unlösbares ethisches Dilemma. Jedenfalls nicht für einen Großteil der Kundinnen. Dennoch zeigt uns die »kleine Einkaufswagenethik« wichtige Punkte des menschlichen Gemeinsinns auf.

Haben Sie schon mal über die Ketten nachgedacht, mit denen die Einkaufswagen – zumindest in Deutschland – aneinandergekettet werden? Warum sind die nötig? Sicherlich hatten Sie noch nie den Gedanken »Schönes Teil, nehme ich mit nach Hause«. Ich ebenso wenig. Trotzdem sind die Wagen an Ort und Stelle räumlich gesichert. Hier lauert ein weiteres soziales Sinnbild: Die Kette am Einkaufswagen symbolisiert das dünne zivilisatorische Band, das uns Menschen miteinander verbindet. Ohne solche regulativen Kleinigkeiten gäbe es nicht mehr Freiheit, sondern vor allem mehr Chaos. Insofern ist der Einkaufswagentest durchaus eine Metapher für ein größeres Gemeinwohl- und Verantwortungsproblem. Macht jeder, was er will, scheitert das Projekt Gesellschaft am Projekt Freiheit.

Allein die bei den meisten von uns naturgemäß eingebauten, überindividuell verantwortlichen Ethiken halten die beiden Großprojekte permanent am Laufen. Basis dieses ethischen Zusammenspiels ist, zumindest stückweit, die uneigennützige Kooperation zwischen an sich autonomen Akteuren. Und um wieder etwas ethische Theorie ins Boot zu holen: Sowohl Pflichtethikerinnen als auch Utilitaristen haben gute Gründe, ihre Einkaufswagen nicht in der Gegend verwaisen zu lassen. Pflichtethikerinnen würden unter anderem darauf hinweisen, dass dies keine gute Idee ist, weil sich die Haltung dahinter schlecht universalisieren ließe. Einkaufen wäre nur Chaos und Frust, würden die Wagen einfach irgendwo herumstehen, stets wartend auf den nächsten Sozialdarwinisten, der sich am schnellsten – oder brutalsten – bei der Wagenbeschaffung durchsetzt. Utilitaristen wiederum würden ein geordnetes Abstellen und somit Vorfinden als Gebot sozialer Nützlichkeit und allgemeiner Glücksmaximierung verstehen. Dass der Wagen dort steht, wo er steht, und man ihn nicht ewig suchen (oder mit anderen Supermarktkunden darum kämpfen) muss, ist aus utilitaristischer Sicht eine wünschenswerte ethische Handlungskonsequenz, welche die Gesamtsituation aller verbessert. Aus ihrer Sicht sollten wir deshalb so handeln, weil die Gemeinschaft der Menschen vom herbeigeführten Weltzustand profitiert.

UNTERWEGS OHNE TICKET – DAS TRITTBRETTFAHRERPROBLEM

Individualistische Theorien liefern uns ein unzureichendes Bild der Wirklichkeit. Weil ihnen etwas fehlt, entgeht ihnen etwas Wesentliches. Durch die individualistische Fokussierung auf den Einzelmenschen übersehen sie die soziale Qualität unseres menschlichen Miteinanders. Wenn Freiheit immer nur meine Freiheit ist, übersehe ich das Ich im Wir – und deine Freiheit übersehe ich gleich mit. Und das ist nicht bloß ein deskriptives Problem. Indem Individualisten und

Libertäre das gesellschaftliche Wir durch ihre falsch eingestellte Brille übersehen, versagen sie nicht bloß bei der Beschreibung der Realität, sondern, darüber hinaus, beim Entwurf einer adäquaten, überindividuellen, dem Menschen angemessenen Ethik. Wenn ich nicht verstehe, was die Gesellschaft ihrem Wesen nach ausmacht und zusammenhält, nämlich die gelebte Sozialität aufeinander ausgerichteter und voneinander abhängiger Einzelmenschen, kann ich auch keine Ethik entwerfen, die dieser Sozialität entsprechend Rechnung trägt. Eine Gesellschaft und erst recht eine Gemeinschaft ist mehr als die Summe ihrer menschlichen Teile – und eine Sozialethik mit einem passenden Freiheitsbegriff sollte dies auch so beschreiben.

Nehmen wir ein anderes Beispiel: Schwarzfahren. Die meisten von uns, ich inklusive, sind schon einmal ohne ein gültiges Ticket U-Bahn, Bus oder Zug gefahren; womöglich unabsichtlich. Während der Fahrt bemerkt man schockiert, dass man kein gültiges Ticket bei sich führt. Entweder hat man sein Ticket zwar gekauft, aber vergessen, oder gleich den Ticketkauf vergessen; vielleicht hat man seinen gültigen Fahrschein verloren; oder die Monatskarte ist abgelaufen, ohne dass man daran gedacht hat, sich eine neue zu besorgen und so weiter und so fort. »Verdammt! Ich habe kein Ticket dabei«, denkt sich der unabsichtliche Schwarzfahrer und wird schuldbewusst nervös.

Das absichtliche Schwarzfahren hat eine andere Qualität. Besteigt man ein öffentliches Verkehrsmittel vorsätzlich ohne Ticket, steht eine Absicht dahinter. Dafür mag man verschiedene Gründe haben. Ich persönlich bin früher ab und an schwarzgefahren. Meist, wenn es kurze Strecken waren. Auch habe ich, zum Beispiel als Student, wenig Geld verdient und fand die Ticketpreise für eine kurze Strecke mit der Berliner U-Bahn oder S-Bahn einfach zu hoch. Die geringe Wahrscheinlichkeit, erwischt zu werden, spielte ebenfalls eine Rolle. Ich war also, um es in den drastischen Worten unseres Einkaufswagenphilosophen zu sagen, in jüngeren Jahren, zumindest stellenweise, ein »Tier, ein durch und durch Wilder, den man lediglich zum Guten zwingen kann, indem man ihn bedroht mit Gesetz und Ordnung«. Ich hatte keinerlei schlechtes Gewissen, nur die Ahnung möglicher Konsequenzen stresste mich. Teil des absichtlichen Schwarzfahrens war die Sorge, erwischt zu werden; die anstrengende Wachsamkeit beim Ausschauhalten nach Kontrolleuren; das mögliche Bußgeld; die Vorstellung der unangenehmen sozialen Situation, vor anderen als Schwarzfahrer bloßgestellt zu werden usw. Im Großen und Ganzen hat sich das Fahren ohne gültigen Fahrausweis nach und nach aus meinem Leben verabschiedet, weil so eine Schwarzfahrt vielleicht gratis ist, aber auf Dauer nicht kostenlos – man reist unentspannt. Und spätestens, als ich etwas mehr Geld verdiente, stellte sich die Schwarzfahrerfrage für mich nicht mehr.

Betrachten wir das Schwarzfahrerproblem aus ethischer Perspektive. Damals fuhr ich, sagen wir, einmal im Monat, ohne ein Ticket zu lösen, im Nahverkehr. Insgesamt fuhr ich viel öfter, mehrmals pro Woche. Heißt: Oft genug hatte ich also ein Ticket, aber eben nicht immer. Betrachtet man allein die Ebene der Handlungskonsequenz, ergibt sich hier kein sonderlich großes Problem. Aus utilitaristischer Perspektive kann ich argumentieren, dass den Berliner Verkehrsbetrieben (BVG) wohl kein sonderlicher Schaden entstanden ist, indem ich hin und wieder ohne gültiges Ticket fuhr. Die Züge fuhren ohnehin, es war noch Platz, das heißt, ich habe niemandem einen Platz weggenommen. Das reine Schadensargument überzeugt nicht unbedingt.

Auch der Nutzenaspekt ist überschaubar. Es ist aus einem rein utilitaristischen Denken gar nicht zu erschließen, warum ich den Verkehrsbetrieben überhaupt Geld schulde und stattdessen nicht etwa der Welthungerhilfe oder einem Verein zur Unterstützung von Geflüchteten. Sicherlich, ich nutze beim U-Bahn-Fahren eine spezifische Leistung und sollte ebendiese spezifische Leistung bezahlen. Versteht man den Utilitarismus allerdings als ethische Strömung, die vor allem darüber nachdenkt, wo eine Handlung möglichst viel kollektiven Nutzen erwirkt (und wenig Schaden), so ist jeder Euro, den ich der Welthungerhilfe oder einem Verein zur Unterstützung Geflüchteter spende, dort nützlicher aufgehoben als auf dem Bankkonto der BVG (ob ich ihre Leistungen nun nutze oder nicht).

Neben der geschätzten Folgewirkung einer Handlung (und somit ihrem Schadens- und Nutzensaspekt) sind noch weitere Maßstäbe bei der utilitaristischen Bewertung einer moralischen Handlung möglich. Der Regelutilitarismus (*rule utilitarianism*) beispielsweise bewertet Handlungen nicht nach ihrem partikularen isolierten Einzelfall und seinen Folgen, sondern denkt weiter. Er geht über einzelne Handlungen hinaus und prüft weniger den Wert *einer Handlung* als vielmehr den Wert einer allgemeinen Handlungsregel. Er prüft also nicht Jans Schwarzfahren am Samstagnachmittag und ob dieses eine Schwarzfahren einen Nutzen oder einen Schaden entstehen lässt. Vielmehr überprüft der Regelutilitarismus Jans dahinterstehende Regel »Ab und an, wenn mir danach ist, fahre ich ohne gültiges Ticket« und setzt sie ins Verhältnis zum allgemeinen Nutzen, zum allgemeinen Schaden, zum allgemeinen Glück usw. Auch hier muss man sagen: Ein immenser allgemeiner Schaden wird nicht durch meine Regel entstehen, für sich genommen. Weder ist die BVG pleitegegangen, noch wurde ich jemals erwischt, und im Grunde hat nie jemand etwas davon mitbekommen, dass ich heimlich schwarzfuhr. Das macht meine ethische Regel allerdings noch nicht zu einer guten. Was wäre, wenn alle so dächten? Wenn es nicht bloß meine eigene Regel wäre, sondern eine allgemeine?

Nehmen wir eine weitere ethische Perspektive ein. Die der Pflichtethik. Pflichtethiker wie Immanuel Kant – mit seinem kategorischen Imperativ – haben ebenso wie Regelutilitaristen ein Interesse daran, über punktuelle Einzelhandlungen hinauszuschauen. Das ist bekanntlich ein wesentliches Element des kategorischen Imperativs, der Universalisierungsgedanke. Die Universalisierungsformel bei Kant sagt uns bekanntlich: »Handle nur nach derjenigen Maxime, durch die du zugleich wollen kannst, dass sie ein allgemeines Gesetz werde.« Und hier sehen wir einen massiven ethischen Unterschied! Durch mein isoliertes samstagnachmittägliches Schwarzfahren ist der Gesellschaft kein immenser Schaden entstanden und, seien wir ehrlich, auch durch meine gesamte, wirklich überschaubare Schwarzfahrerkarriere nicht. Eine reine utilitaristische Perspektive versagt bei diesem Beispiel also.

Aus pflichtethischer Sicht ist meine Handlung allerdings nicht akzeptabel. »Fahr einfach ohne Ticket, sofern dir danach ist« ist keine gute, universalisierbare Maxime für alle. Ebenso wenig wie »Stell deinen Einkaufswagen einfach irgendwo ab, jemand wird ihn schon zurückräumen«. Das geht vielleicht mal gut, aber keineswegs immer. Vor allem führt es zu absolutem Chaos, wenn alle es täten. Die BVG würde tatsächlich bankrottgehen, würde jeder schwarzfahren. Es gäbe kein Geld mehr für Fahrpersonal, kein Geld für regelmäßige Zugfahrten, kein Geld für Zugwartung, Strom, und so weiter und so fort. Die durchschnittlichen zwei bis drei Prozent[99] Schwarzfahrer in Berlin sind, systemisch gesehen, nur so lange erträglich, wie die anderen, restlichen, übrigen, ehrlichen Fahrgäste für die Gesamtrechnung aufkommen.

»There is no such thing as a free lunch«, besagt ein Zitat, das unter anderem durch den Ökonomen Milton Friedman berühmt gemacht wurde. Der Satz ist in libertären Kreisen sehr beliebt und soll vor einer zu üppigen Sozialpolitik warnen. Wo es etwas »umsonst« gibt, steht immer jemand dahinter und zahlt. Objektiv umsonst ist nichts, soll das Zitat bedeuten. Während es auf triviale Weise wahr ist, dass irgendjemand immer für eine Leistung zahlt, die für einen anderen vermeintlich gratis ist, ist das No-Free-Lunch-Argument allerdings kein gutes Argument dafür, Gemeinwohl und Sozialleistungen zu kürzen. Es kommt nämlich darauf an, Leistungen und Güter gerecht zu verteilen. Und das kann im Zweifel eben sehr wohl so geschehen, dass der eine das Essen des anderen subventioniert, sodass es dem bedürftigen, subventionierten Esser als »free« erscheint.

Aber zurück zum Nahverkehr. In Berlin waren es im Jahr 2019 immer noch »620 000 erwischte Schwarzfahrer, also im Durchschnitt etwa 1700 am Tag und 71 pro Stunde«.[100] Drei Jahre später, durch das 9-Euro-Ticket, wurden es kurzzeitig immens weniger.[101] Weil Menschen eben nicht nur nach abstrakten ethischen Prinzipien entscheiden, sondern, wie auch ich damals, nach wirklichen weltlichen Angeboten – und vor allem nach ihrem Geldbeutel.

Apropos Geld. Reden wir über Steuern. Sie sind auch ein Lieblingsthema liberaler und libertärer Politik. Jene Strömungen, die man auch als neoliberal oder wirtschaftsliberal zusammenfassen kann, sehen wirtschaftliches Wohl nur durch niedrige Steuern garantiert. Als seien Steuern vor allem eine finanzielle Schikane, die ein böser Staat seinen Bürgern auferlegt, um zu verhindern, dass sie wohlhabend werden. Libertäre erdreisten sich sogar immer wieder, Steuern als »Raub« zu bezeichnen.[102] Dabei sind Steuerhinterzieher (und im weiteren Sinne: Steuerminimierer) exakt das, was Schwarzfahrer sind, nur um einige Stufen schlimmer. Ebenso, wie das Schwarzfahren, juristisch gesehen, ein »Erschleichen von Leistungen« ist (265a StGB), erschleichen sich diejenigen, die Steuern mit Offshore-Konten oder Steuertricks hinterziehen, Leistungen des öffentlichen Gemeinwohls, ohne ihren Teil dazu hinzuzugeben.

Steuerhinterziehung ist insofern ein trittbrettfahrerisches Nutznießertum auf Kosten anderer. Wer seinen Teil nicht zahlt, schmarotzt. Daher sollten wir, wenn wir überhaupt jemanden als »Sozialschmarotzer« bezeichnen, nicht jene so nennen, die mit kümmerlichen staatlichen Sozialleistungen ein Leben in Armut und mangelnder Teilhabe führen, sondern jene, die durch Briefkastenfirmen, Steuertricks und Auslandskonten dem Gemeinwesen bewusst einen Teil seiner finanziellen Handlungsfähigkeit entziehen.[103] Nicht die Plattenbaubewohner verursachen größten volkswirtschaftlichen Schaden. Weitaus größer und sozialschädlicher war der jahrelange Steuerraub durch Cum-Ex-Geschäfte. Doch weil Kapitalertragsteuerbetrug eine komplizierte Sache ist, schimpfen viele lieber auf Jogginghosenträger anstatt auf Finanzexperten in Nadelstreifen.

Kulturgeschichtlich ist das Trittbrettfahren übrigens wörtlich zu nehmen. Der Trittbrettfahrer war derjenige, der bei einer öffentlichen Straßenbahn nicht einstieg und ein Ticket löste, sondern außen auf dem Trittbrett stehen blieb und sich so unentgeltlich befördern ließ. Trittbrette sind zwar mittlerweile Geschichte, die Mentalität dahinter allerdings nicht.

Zurück zum Thema Eigenverantwortung. Wie sähe eine Gesellschaft aus, in der das Geld, das einem Staat zur Verfügung steht, zu einhundert Prozent aus Spenden bestünde? Heißt: Es gäbe null Prozent Steuern und alle öffentlichen Ausgaben müssten von den Bürgerinnen freiwillig und ohne Druck, ja, eigenverantwortlich und freiheitlich, von ihrem Bankkonto überwiesen werden. Man braucht nicht viel Phantasie, um zu sehen, dass eine Gesellschaft mit »einhundert Prozent Steuerfreiheit« bzw. »null Prozent Spitzensteuer« in kürzester Zeit in der Handlungsunfähigkeit versinken würde; und falls nicht, dann wären langfristige Planungen und öffentliche Großprojekte allein deshalb nicht möglich, weil unberechenbar bliebe, wer wann wie viel seines Geldes freiwillig abgäbe. Steuerpolitik ist weniger Schikane als vielmehr notwendige Voraussetzung eines handlungsfähigen Gemeinwesens. Wer das leugnet, vertritt ein toxisches Freiheitskonzept.

Schließen wir also diesen Teil mit den Worten des Ethikers Kurt Bayertz: »Es ist uns sozial nicht freigestellt, ob wir moralisch sein wollen oder nicht. Unsere Partner, Freunde, Kollegen, Nachbarn erwarten und verlangen es von uns.«[104] Bayertz fährt fort: »Wer sich dieser Erwartung und diesem Verlangen zu entziehen versucht, wer ernste Zweifel an seiner Moralität aufkommen lässt, wird mit Sanktionen zu rechnen haben. Über die Bedeutung und die Verbindlichkeit der Moral ist weder die Gesellschaft zu verhandeln bereit, noch sind es die Individuen.«[105] Wo Eigenverantwortung scheitert, müssen Regeln greifen. Steuergesetze halten unser Gemeinwesen an Stelle und Ordnung wie die Verbindungsketten die Einkaufswagen. Der Steuerzahler wird nicht beraubt, sondern tut seine Pflicht.

WO SIND DIE SAMARITER?

Eigenverantwortung nimmt also eine wichtige Funktion ein. Aber sie ist nur die halbe Miete. Was unser Sozialleben unserem Wesen nach ausmacht, ist schlicht die Tatsache, dass es sozial ist. Durch die Einbindung in die Gemeinschaft sind wir in unseren Taten und Verhaltensweisen limitiert. So zumindest die negative Perspektive auf die menschliche Freiheit, das heißt, es gibt – im Sinne negativer Freiheit Isaiah Berlins – äußere Einschränkungen für unser Tun.

Wir können das Sprachbild, den Frame, aber auch wechseln. Als Gemeinschaftsmitglieder sind wir nicht nur sozial determiniert und limitiert, ein Spielball externer Regeln und Erwartungen. Nein, wir sind, in Anlehnung an die positive Freiheit Berlins, auch autonome, gestaltende Wesen, die Verantwortung für sich und andere übernehmen, und das ist in der Regel sogar freiwillig. Wer Kinder kriegen will, kriegt sie und umsorgt sie. Braucht jemand beruflich unsere Hilfe, lassen wir unsere Kolleginnen nicht hängen in der Hoffnung, dass sie uns zukünftig ebenso wenig hängenlassen. Und sehen wir jemanden auf dem nächtlichen Heimweg, der desorientiert oder anderweitig hilflos wirkt, fragen viele von uns kurz nach, ob alles okay ist. Kurz gesagt: Wir übernehmen Verantwortung für andere.

Sozialverantwortung kann alles Mögliche sein. Elternschaft, Kollegialität oder spontane Hilfsbereitschaft sind nur drei Möglichkeiten von vielen. Verantwortungsübernahme und prosoziales Hilfsverhalten waren und sind vielfach Gegenstand sozialpsychologischer Untersuchungen. Ein besonders spektakuläres Beispiel dafür, wie sehr unser Hilfsverhalten von äußeren Einflüssen abhängt, ist das Samariter-Experiment. Die beiden Psychologen John Darley und Daniel Batson untersuchten 1973, von welchen Variablen menschliches Hilfsverhalten abhängt. Dazu wählten sie folgenden Versuchsaufbau. Sie ließen Theologiestudenten zunächst die Erzählung vom barmherzigen Samariter lesen. Die Parabel, die Jesus in der Bibel erzählt, geht wie folgt:

> Es war ein Mensch, der ging von Jerusalem hinab nach Jericho und fiel unter die Räuber; die zogen ihn aus und schlugen ihn und machten sich davon und ließen ihn halb tot liegen. Es traf sich aber, dass ein Priester dieselbe Straße hinabzog; und als er ihn sah, ging er vorüber. Desgleichen auch ein Levit: Als er zu der Stelle kam und ihn sah, ging er vorüber. Ein Samariter aber, der auf der Reise war, kam dahin; und als er ihn sah, jammerte es ihn; und er ging zu ihm, goss Öl und Wein auf seine Wunden und verband sie ihm, hob ihn auf sein Tier und brachte ihn in eine Herberge und pflegte ihn. Am nächsten Tag zog er zwei Silbergroschen heraus, gab sie dem Wirt und sprach: Pflege ihn; und wenn du mehr ausgibst, will ich dir's bezahlen, wenn ich wiederkomme.[106]

Die Studenten wurden anschließend gebeten, sich von ihrem Seminarraum in ein anderes Gebäude zu begeben. Auf dem Weg dahin hatten Darley und Batson einen Schauspieler platziert. Einen Mann in schäbiger Kleidung, der am Boden lag und hustete. Der Clou: Den Studierenden war nicht klar, was in diesem Experiment erforscht wird und dass der röchelnde Hilfsbedürftige elementarer Teil des Experiments war. Dieses Wissen hätte das Resultat verfälscht. Würden die Studenten ihren Bibeltext intuitiv anwenden? Das Gleichnis ins eigene Leben übernehmen? Was unterscheidet den »guten Samariter« von seinen Mitmenschen?

Das Experiment wurde mit verschiedenen Studentengruppen wiederholt. Die gute Nachricht: Die meisten der angehenden Theologen bemühten sich, dem auf dem Boden liegenden Mann zu helfen – stolze 65 Prozent. Die schlechte Nachricht: Äußere Umstände beeinflussten diese Hilfsbereitschaft massiv. Bat man die Studenten, sich bitte schnell und in Eile von einem Seminarraum in den anderen zu begeben, sank die Hilfsbereitschaft dramatisch, und zwar von 65 Prozent auf 10 Prozent.[107] In Stress und Eile dachte plötzlich nur noch jeder zehnte Theologiestudent – also jene Menschen, die studieren, um später Religionslehrer oder gar Priester zu werden – daran, das theologische Ideal der Barmherzigkeit auch praktisch umzusetzen. Alle anderen waren zu sehr mit sich selbst beschäftigt. Zu sehr gestresst.

Wie sehr die moralische Hinwendung zu anderen von äußeren Umständen abhängt, habe ich bereits selbst erlebt. Vor ein paar Jahren kam ich mit meiner Freundin aus dem Kino am Berliner Potsdamer Platz, wir waren auf dem Weg zur U-Bahn. Es war Oktober, und es war kalt. Auf dem Weg zu den Gleisen lag ein Mann auf dem Boden. Wir gingen zunächst ein paar Meter vorbei und überlegten: Ist der Mann betrunken? Lebt er auf der Straße? Liegt er dort absichtlich auf dem Boden, will er seine Ruhe? Ist alles in Ordnung, oder sollen wir ihn mal ansprechen? Weder an seiner Kleidung noch an seiner Haltung war zu erkennen, was los ist. Um ihn herum liefen Menschen in unmittelbarer Nähe vorbei. Alles wirkte normal. Wir gingen weiter, besprachen uns und kehrten dann doch um. Ich sprach den Mann an. Schnell wurde klar, dass es ihm ganz und gar nicht gut ging. Er war halb bei Bewusstsein, fror. Er sprach kaum Deutsch, fragte allerdings nach einem Rucksack, der nicht da war, und nach seinen Medikamenten, die auch nicht da waren. Dann verlor er kurz das Bewusstsein. Wir verstanden: eine Notsituation. Noch bevor wir den Notruf riefen, blieben weitere Passanten stehen: »Ist alles okay?« Wir warteten auf den Krankenwagen. Währenddessen wurden wir Helfenden immer wieder angesprochen, ein junger Mann kam ungefragt als Verstärkung hinzu. Weitere kamen. Gemeinsam versicherten wir, so gut es ging, dem notleidenden Mann, der immer mal wieder ansprechbar war und mal nicht, Hilfe sei unterwegs. Schließlich kamen Sanitäter, versorgten ihn. Durch das professionelle Eingreifen des Rettungsdienstes waren wir überflüssig geworden und gingen. Wir fuhren heim in dem merkwürdigen Wissen, dass wir zunächst vorbeigegangen waren, eine Notsituation erst nicht erkannt und somit fast Hilfe unterlassen hätten. »Wie viele Leute dann plötzlich da waren«, sagte ich zu meiner Freundin.

Dieses kollektive Versagen in Situationen, in denen eigentlich jemand eingreifen müsste, kennt die Sozialpsychologie als den Zuschauereffekt (*bystander effect*).[108] Je mehr Zeugen es gibt, die nichts tun, desto geringer ist die Wahrscheinlichkeit, dass jemand helfend eingreift. Irgendwer muss immer den ersten Schritt machen – vom Zuschauenden zum Handelnden. Solange alle nur vorbeigehen, zuschauen oder umherstehen, denkt schlimmstenfalls jeder: »So schlimm kann die Lage nicht sein, sonst würde ja jemand etwas tun.« Das Resultat ist kollektive unterlassene Hilfeleistung, gemeinschaftliches Versagen. Wir müssen also lernen, wirklich tätig zu werden. Einzuschreiten, selbst wenn wir die Ersten sind. Das kostet Überwindung, ist aber machbar.

Autonomie und Eigenverantwortung existieren zweifelsohne, allerdings entscheidet der soziale Kontext massiv mit. Es liegt an uns als Gesellschaft, soziale Kontexte zu erschaffen, indem Hilfsleistungen und wechselseitige Unterstützung nicht als Störfaktor individueller Alltagsbewältigung gesehen werden, sondern als selbstverständlicher Teil des Soziallebens. Zu Recht schockieren uns Fälle unterlassener Hilfeleistung.

So ging zum Beispiel eine Welle der Empörung durch Deutschland, als bekannt wurde, dass ein sterbender Rentner in einer Bank im nordrhein-westfälischen Essen wortwörtlich übergangen worden war. Der Mann brach im Oktober 2016 im Vorraum einer Bankfiliale zusammen. Anstatt ihm zu helfen, stiegen Kunden teilweise über den Mann auf ihrem Weg zum Automaten, wo sie, direkt neben dem Schwerverletzten, Geld abhoben und die Bank wieder verließen.[109] Der Mann starb. Schließlich wurden zwei Männer und eine Frau im Alter von 39 bis 62 Jahren wegen unterlassener Hilfeleistung angeklagt und zu Geldstrafen verurteilt. Der zuständige Richter Karl-Peter Wittenberg stellte bei der Urteilsbegründung fest: »Der Rentner ist den Bankkunden einfach gleichgültig gewesen. [...] Die drei haben billigend in

Kauf genommen, dass da jemand liegt, der Hilfe benötigt. Aber keiner wollte Hilfe leisten.«[110] Die Ermittlung stellte allerdings heraus, dass der sterbende 83-Jährige auch durch schnelleres Eingreifen – erst nach zwanzig Minuten rief jemand den Notarzt – nicht mehr hätte gerettet werden können. Daher betonte der Richter zugleich: »Niemand von ihnen ist für den Tod des Mannes verantwortlich. Das sind keine Monster.«

Ohne die unterlassene Hilfeleistung in irgendeiner Weise entschuldigen zu wollen: Wir sind keine Gesellschaft, in der es üblich ist, nach dem Wohlbefinden anderer zu fragen, erst recht nicht Fremde. Darüber hinaus waren die Bankkunden, vermutlich ähnlich wie die Theologiestudenten, im Stress. Mehrere der angeklagten Bankkunden sagten aus, sie hätten den Liegenden für einen Obdachlosen gehalten. »Ich dachte, der schläft«, wird einer der Angeklagten zitiert.[111] Was sagt das über unseren Umgang mit Obdachlosen aus? Wieso nehmen wir ihre frierende Existenz kaum zur Kenntnis, ignorieren sie im Vorbeigehen? Schulden wir einander mehr Beistand, als wir faktisch geben und erleben?

Ich wage zu behaupten, dass die Wahrscheinlichkeit, dass hilfsbedürftigen Personen auch wirklich geholfen wird, in einer weniger hektischen, entschleunigten Gesellschaft, in der es nur eine geringe Hemmschwelle gibt, andere anzusprechen, stiege. Zudem wäre der Ausnahmecharakter von Notsituationen erkennbarer, wenn Staat und Gemeinwesen noch gezielter jenen helfen würden, die auf der Straße leben und im Winter zum Beispiel in Banken oder anderen öffentlichen Einrichtungen Zuflucht suchen. Allgemeiner formuliert: Unser kollektiver Umgang mit den Schwächeren sagt viel über unser gesellschaftliches Verständnis von sozialer

Verantwortung aus. Über unsere gesellschaftliche Rollenverteilung. Im Einzelkämpfermodus steigt man offenbar über andere herüber, anstatt ihnen die Hand zu reichen.

K(L)EINE EGOISTEN

Der Weg vom Ich zum Wir – und mit ihm unmittelbar verbunden: die Konstruktion eines adäquaten Freiheitsbegriffs – ist gleichzeitig der Weg von individueller zu gesellschaftlicher Verantwortung. Einerseits sind wir eigenverantwortliche Subjekte, die es auch verdienen, als solche behandelt zu werden. Zugleich sind wir eingebunden in ein Netz sozialer Normen und überindividueller Erwartungsräume. Wie sehr wir doch von anderen abhängig sind, zeigt sich insbesondere in Krisenzeiten. Die Corona-Krise war exemplarisch, als eine überindividuelle Ausnahmesituation. Und auch hier haben wir beides gesehen, Eigennutz sowie Sozialverantwortung. Als problematisch erwies sich der Krisenegoismus. Stellenweise waren die Menschen während Corona doch sehr auf ihre individualistischen Ethiken zurückgeworfen. Oder, um es etwas weniger akademisch zu sagen: Während Corona haben sich manche Menschen absolut fürchterlich verhalten.

So kam es 2020 immer wieder zu Hamsterkäufen, unter anderem von Klopapier. Viele Supermärkte und Drogerien limitierten den Einkauf auf zwei Packungen Toilettenpapier pro Person, Kunden missgönnten sich den Einkauf gegenseitig, in den sozialen Netzwerken tauchten Videos auf von Handgreiflichkeiten im Supermarkt.[112] Ursachen waren die Angst vor Unterversorgung und das psychische Bedürfnis, die Situation zu kontrollieren und sich möglichst autonom zu machen gegenüber einer neuen, bedrohlichen Krise. Ein nachvollziehbares Bedürfnis also.

Nichtsdestoweniger ist Angst ein schlechter Ratgeber. Hamsterkäufe führen nämlich paradoxerweise jene Situation herbei, zu deren Prävention sie beitragen sollen. Wenn sich viele Menschen beim Einkauf von ihrer Angst leiten lassen, zu kurz zu kommen, führt das Hamstern – ob es nun um Toilettenpapier geht oder andere Güter des Alltags – geradewegs in die befürchtete Mangellage. Die Logik ist einfach: Der Einzelhandel ist auf die steigende Nachfrage durch Panikkäufe nicht vorbereitet, wodurch leere Regale entstehen und daraus wieder der Eindruck, es gäbe eine Mangellage, was wiederum bei einigen ängstlichen Mitmenschen den Wunsch verstärkt, nächstes Mal besonders früh besonders viel einzukaufen. Der Hamsterkauf-Kreislauf kann nur durch ein Überangebot bzw. eine gute politische Krisenkommunikation gelöst werden, wodurch sich das Kaufverhalten wieder normalisiert. Sonst heißt es: Ist sich jeder selbst am nächsten, kommen am Ende (fast) alle zu kurz.

Aber stimmt das überhaupt? Sind wir, wenn alle Stricke reißen, wirklich Egoisten? Ganz so einfach, wie unsere Vorurteile es nahelegen, ist es offenbar nicht. Der niederländische Sozialpsychologie Tom Postmes sagt: »In 97 Prozent aller Flugzeug-Notlandungen verlassen die Passagiere ruhig und geordnet die Kabine.«[113] Die Vorstellung, dass in Notsituationen automatisch die Ellbogen spitzer werden, ist empirisch nicht haltbar. Schon im Zweiten Weltkrieg beobachtete man, dass Bombardierungen ganzer Städte – zum Beispiel von London oder Dresden – nicht wie erwartet zu Demoralisierung oder Massenhysterie führten, sondern den

Zusammenhalt der Menschen und ihren gemeinsamen Willen zum Widerstand stärkten.[114]

Ulrich Schnabel, Journalist und Autor des Buches *Zusammen. Wie wir mit Gemeinsinn die Krise bewältigen* verweist auf die Diskrepanz zwischen dem, was wir anderen zutrauen, und dem, was wir selbst in Krisensituationen von uns erwarten. So ist unser Anspruch an uns selbst viel positiver, als es gesellschaftliche Albtraumszenarien vermuten lassen: »Als etwa die Universität Bielefeld während der Coronapandemie 3000 Menschen nach ihrer Hilfsbereitschaft befragte, erklärten mehr als 90 Prozent, sie wären bereit, für ihre Nachbarn Einkäufe zu erledigen, mehr als 80 Prozent wollten mit ihnen Vorräte oder Medikamente teilen. In einer anderen Studie 2015 in Berlin gaben 67,7 Prozent an, sie würden ihren Mitmenschen bei einer Sturmkatastrophe zu Hilfe eilen, bei einem hypothetischen Großbrand waren es sogar 83,6 Prozent.«[115]

DA SEIN, WO WIR GEBRAUCHT WERDEN

Was wir hier herauslesen, ist die Bereitschaft zur Solidarität. Im Folgenden möchte ich erörtern, wie sich Sozialverantwortung und Solidarität zueinander verhalten. Halten wir zunächst Grundlegendes fest: Die Frage, wem wir wann helfen und warum – und umgekehrt: wem nicht und warum –, ist elementar mit der Frage verbunden, wer ich bin und wer derjenige ist, der meine Hilfe braucht. Neben externen Faktoren wie Stress und Zeitdruck (vgl. Samariter-Experiment) ist also die Sozialbeziehung der Menschen entscheidend. Kenne ich die Hilfsbedürftige persönlich?

Darüber hinaus: Hat die Person, um die es geht, aus meiner Sicht eine Teilschuld an ihrer Misere? Sozialbeziehung sowie Schuldzuschreibung an der Ausgangslage haben Auswirkungen auf die Frage, ob wir helfen oder vorübergehen. So schreiben viele Menschen zum Beispiel Obdachlosen eine Teilschuld an ihrer Lage zu. Womöglich sieht man jemanden auf der Straße Drogen konsumieren und denkt: »Kein Wunder, dass er ist, wo er ist, der nimmt ja Drogen« oder, noch schlimmer, »Der Bettler kriegt kein Geld von mir, der gibt es ja eh nur für Drogen und Alkohol aus«. Diese Gedanken sind absolut unterkomplex. Eine solche Perspektive verkennt die systemischen Aspekte von Armut und Drogensucht in einer milieuartig aufgebauten Gesellschaft vollkommen. Jenseits individueller Verantwortlichkeit werden einige von uns in schlechte Umstände hineingeboren und sehen sich daher von ihrer Ausgangslage her mit ganz anderen, milieubedingten Problemen konfrontiert. Wird man in eine Familie geboren, in der die Eltern arbeitslos sind, alle an der Armutsgrenze leben und Substanzmissbrauch die Regel ist, ist der Weg in die eigene Arbeitslosigkeit, in den eigenen Substanzmissbrauch, in die eigene Armut – und womöglich sogar Obdachlosigkeit – viel kürzer als für jene, die in ein wohlsituiertes, gebildetes Elternhaus hineingeboren werden, wo bestens materiell und emotional für einen gesorgt wird.

Gleichwohl wäre es falsch, dem Individuum jedwede Eigenverantwortung abzusprechen und die soziale Lage als vollständig von der Ausgangsposition determiniert zu sehen. Beide Extrempositionen sind falsch; die Sichtweise hundertprozentiger biographischer Autonomie trifft ebenso wenig zu wie die Sichtweise hundertprozentiger gesellschaftlicher Vorbestimmung. Eine verkürzte Wahrnehmung und eine ignorante Perspektive auf die biographischen sowie sozialen Lagen unserer Mitmenschen verringern also die Wahrscheinlichkeit, dass wir ihnen helfen. Wer den anderen nicht kennt, wer sich ihm nicht verbunden fühlt, wer ihn vielleicht sogar aus Vorurteilen heraus für einen schlechteren Menschen hält (»Selbst schuld!«), der ist eher bereit, sein Leid in Kauf zu nehmen. Der ist weniger bereit, helfend einzugreifen.

Dass der Aspekt der persönlichen Bekanntschaft und Verbundenheit eine tragende Rolle spielt, sieht man zum Beispiel am Verhältnis zu den Menschen, mit denen wir Tür an Tür wohnen. Zu unserem Nachbarn, mit dem wir ab und an im Treppenhaus oder auf der Straße plaudern, haben wir eine ganz andere Beziehung als zum anonymen Großstadtbewohner. Die »Flüchtlingsunterkunft« ist erst mal vor allem ein bürokratisches Wort des politischen Gemeinwesens und offenbar weniger ein Ort möglicher Bekanntschaften, neuer sozialer Kontakte oder gar Freundschaften. Ein Vorschlag für mehr gelebte Verantwortung und Solidarität untereinander lautet also: Lernt euch kennen! Habt miteinander zu tun! Findet heraus, wie ihr heißt, was ihr macht und was euch interessiert. Wer den anderen als Menschen betrachtet und nicht bloß als Schablone sieht, ist eher bereit, ihm oder ihr auch in Krisenzeiten beizustehen.

In gewissem Rahmen ist diese menschliche Fokussierung auf den sozialen Nahbereich verständlich und kulturgeschichtlich gesehen normal. Wir können uns weder verbunden fühlen mit dem ganzen Planeten noch verantwortlich fühlen für Gott und die Welt. Was die soziale Wirklichkeit angeht, geht der eigene Umkreis vor. Wer sich extrem zuständig fühlt für das Wohlergehen aller seiner Mitmenschen – von der eigenen Familie bis hin zu allen, die nur fünf Minuten mit uns auf den Bus warten –, der steht zwangsläufig auf verlorenem Posten. Sozialverantwortung kann also nicht bedeuten, dass wir allen Menschen (erstens) immer (zweitens) ein Maximum (drittens) an Fürsorge und Zuwendung schulden. Das Gegenteil der egoistischen Einzelkämpfermentalität ist kein universelles Helfersyndrom. Im Gegenteil, wer sozialverantwortlich handelt, muss mit seiner Fürsorge, seiner Zeit und seiner Hinwendung umgehen, wie mit dem, was sie sind: Ressourcen. Wir haben nur begrenzt von allem und müssen daher schauen, mit wem wir was teilen.

Zurück zum Wesen der Verantwortung. Was ist sie, analytisch gesehen? Wir können Verantwortung kennzeichnen als eine soziale Relation zwischen Menschen. Sozialverantwortung ist ein Relationsbegriff: *Jemand* ist verantwortlich *für etwas* gegenüber *jemand anderem.* Wer Verantwortung für eine Person, eine Sache oder einen Sachverhalt trägt, sollte dafür sorgen, dass das Wohlergehen der Person gewährleistet ist, die Sache vor Schaden beschützt wird oder der Sachverhalt in erwünschter Weise zustande kommt. So sind beispielsweise Eltern verantwortlich für ihre Kinder; außer sie sind in der Schule, dann kümmern sich die Lehrer; und falls sich das Kind beim Spielen einen Arm bricht, umsorgen es Medizinerinnen und Pflegepersonal im Krankenhaus.

Ähnlich ist es mit Sachen. Die Mitarbeiter der Sicherheitsfirma sind verantwortlich für den Geldtransport der Bank, wer ein Auto mietet, ist verantwortlich für den Zustand des Wagens, und wenn du mir dein Lieblingsbuch leihst, darfst du erwarten, es etwas gebrauchter, aber insgesamt unbeschadet zurückzuerhalten. Analog verhält es sich mit Zuständen und Sachverhalten. Der Restaurantbetreiber ist verantwortlich für die Hygiene in seiner Küche und im Gästebereich, Eltern von Schulkindern müssen ihre Kids mit einem Minimum an Heften und Schreibwaren ausstatten, und wer sich einen Hund, eine Katze oder meinetwegen einen Chinchilla kauft, ist dafür verantwortlich, dem Tier etwas Futter, Bewegung und allgemein Fürsorge zu ermöglichen. Und ich als Autor war verantwortlich für die fristgerechte Abgabe dieses Manuskriptes, damit daraus das Buch werden konnte, das Sie jetzt lesen. Mich in meiner Verantwortung bindend, waren Absprachen mit meiner Lektorin und den Verlagsleiterinnen und ferner, auf juristischer Ebene, ein Buchvertrag.

Verantwortungsrelationen beinhalten immer ein Zu-tun-haben-Mit – oft in Form einer Rollenverteilung. So sind Lehrerinnen für ihre Schüler verantwortlich, allerdings nur auf dem Schulgelände und während der Schulzeit. Der Restaurantbesitzer ist als Betreiber zuständig für die Hygiene seines Ladens, ich als Gast bin das nicht. Verantwortlich ist die Person, der eine bestimmte Rolle zukommt. Mit dieser Rolle geht oft eine Kausalmacht gemäß dem Ursache-Wirkungs-Prinzip einher. Wie der Philosoph Hans Jonas in seinem Grundlagenwerk *Das Prinzip Verantwortung* schreibt: »Bedingung für Verantwortung ist kausale Macht.«[116] Wir verantworten das, was wir bewirken. So sind es auch die Auswirkungen des Menschen, über die sich Jonas Gedanken macht. Während sich traditionelle Ethiken primär um einzelne Handlungsweisen und ihre normative Legitimität sorgen, geht Hans Jonas einen Schritt weiter und fragt sich – und uns –, welche Rolle der Mensch gegenüber sich selbst und schließlich seiner Umwelt einnimmt. Wir sind, so Jonas' Konklusion, verantwortlich für den Fortbestand der Menschheit; und sollten alles tun, um unseren Planeten als Lebensgrundlage zu bewahren. Vorsicht im Umgang mit Technik und eine gezielte Abwendung ökologischer Katastrophen durch verantwortliches Handeln sollten unsere Leitprinzipien sein. Erde, Menschheit und Gesellschaft zu bewahren, sei unsere ethische Pflicht uns selbst gegenüber.

Wir sind nur verantwortlich für das, was wir auch herbeiführen können. Ich bin sicherlich dafür verantwortlich, dass meine Wohnung halbwegs sauber ist, nicht aber fürs Wetter. Die Reinigung meiner Wohnung liegt innerhalb meiner Wirkmöglichkeiten, ich kann und sollte aktiv eingreifen. Das Wetter wiederum liegt außerhalb relevanter menschlicher Eingriffsmöglichkeiten.

In der Verantwortungstheorie wird darüber hinaus zwischen retrospektiver und prospektiver Verantwortung unterschieden. Retrospektiv ist jene Verantwortungsrelation, die rückwärtsgewandt ist, auf die Vergangenheit gerichtet. Ein gutes Beispiel ist die Corona-Pandemie: Auch wenn das Virus als solches weiter existiert, liegt sie hinter uns. Während der Zeit der Pandemie gab es eine große Menge an Einschnitten in unser Leben, die nicht passiv zustande kamen wie das Wetter, sondern die aktiv herbeigeführt wurden von gewählten Politikerinnen – als Teil ihrer Berufsaufgabe, aktiv das Gemeinwesen zu gestalten. Sie taten dies oft mithilfe von Expertinnen, deren Fachmeinungen sie mal mehr, mal weniger verantwortungsvoll in ihre Politik miteinbezogen. Diese Experten wiederum gaben ihr Bestes, die Wirklichkeit aus wissenschaftlicher Perspektive so zu beschreiben, dass sie ihrer Rolle und ihrer Verantwortung als Fachleute gerecht wurden, inklusive der fachlichen Standards ihrer jeweiligen akademischen Disziplin. Dennoch lief nicht alles gut. Politiker trafen falsche Entscheidungen, Wissenschaftlerinnen gaben suboptimale Ratschläge. Vor allem aber erwies sich manches erst aus der Rückschau als suboptimal, falsch oder unverhältnismäßig.

Ein unverantwortlicher Mensch würde seine vergangenen Fehlentscheidungen ignorieren, kleinreden oder gar aktiv bestreiten. Donald Trump ist beispielsweise so ein Mensch. Man hat von ihm nie einen Funken Selbstkritik gehört, selbst bei ertappten Lügen und massiven Fehlern gab es nur einen, der aus seiner Sicht schuldig war: die anderen. Verantwortliche Menschen wiederum schauen kritisch zurück, auch auf ihr eigenes Wirken, ihre eigene Rolle und ihre eigene Vergangenheit. Mittlerweile gibt es viele Beispiele dafür, dass Menschen ihr Wirken während der Corona-Krise kritisch sehen. Das heißt keineswegs, dass sie alle Entscheidungen von damals falsch finden. Es heißt auch nicht, dass Libertäre, Querulanten und Querdenker recht hatten. Es heißt einfach, dass punktuelle rückblickende Selbstkritik ein Wesenszug jener Menschen ist, die zukünftig besser handeln wollen.

So sagte Manuela Schwesig (SPD), Anfang 2023, nach ihren falschen Entscheidungen während der Pandemie befragt: »Erstens, die Schließung der Spielplätze war ein Fehler. Daran erinnere ich mich immer, wenn ich mit meiner Tochter auf einem bin. Zweitens waren die strengen Besuchsverbote in den Pflegeheimen falsch.«[117] Und Ranga Yogeshwar gab zu, das Coronavirus anfänglich unterschätzt zu haben: »Obwohl ich als Wissenschaftsjournalist Sendungen über Pandemien gemacht hatte, begriff ich, als Covid-19 auftauchte, zunächst die Tragweite nicht – das aber wäre mein Job gewesen.« Alena Buyx, Medizinethikerin und Vorsitzende des

Deutschen Ethikrates, bedauerte auch im Namen des Ethikrates, der Krisenerfahrung von Kindern und Jugendlichen nicht noch mehr Aufmerksamkeit geschenkt zu haben. Man hätte die Politik so beraten müssen, dass sie Kinder und Jugendliche während der Krise noch gezielter unterstützt hätte.[118] CSU-Politiker Klaus Holetschek betont wiederum selbstkritisch: »Die Maßnahmen, die wir immer nur auf Basis des aktuellen Wissensstands treffen konnten, gingen zu sehr zulasten der Kinder und Jugendlichen.«[119]

Das sind gute Beispiele für retrospektive Verantwortungsübernahme. Es wird erörtert: Wer bin ich? Was war meine Rolle? Mein Wirken? Bin ich meiner Rolle gerecht geworden, meinen Ansprüchen? Was wäre besser gegangen, und wieso lief es suboptimal? Diese analytische Ebene ist wichtig. Man sollte gewissenhaft reflektieren. Allerdings ist die Auswertung kein Selbstzweck; es geht nicht allein um den Spaß an der Rückschau. Verantwortung ist vor allem ein Sozialprinzip, das ausweist, wer *verantwortlich für etwas ist,* und zwar gegenwärtig und zukünftig. Auch bei der retrospektiven Verantwortung muss es also um Konsequenzen für die Gegenwart gehen, denn wir leben nun mal in der Gegenwart und nur in der Gegenwart.

Im Gegensatz zur retrospektiven Verantwortungszuschreibung ist die prospektive zukunftsgerichtet. Ich überlege, was zu meiner Rolle gehört, was in meinen Verantwortungsbereich fällt, kurz: was ich tun kann, tun soll. Prospektiv Verantwortung zu übernehmen, bedeutet primär, dass das Verantwortungsprinzip nicht erst dann zum Tragen kommt, sobald etwas schiefgelaufen ist, sondern dass der Blick auf Verantwortungsprinzipien für Gegenwart und Zukunft des Akteurs handlungsleitend ist.[120] Ich tue, was ich soll, weil ich weiß, was ich muss. Im Idealfall kommt es so gar nicht erst zu größeren Katastrophen, bei denen wir rückblickend schauen müssen, wem wir sie in die Schuhe schieben.

Während Verantwortung ein sozialer Relationsbegriff ist, der – bestenfalls – klar unterscheidet, was in meinen Verantwortungsbereich fällt und was nicht, hat Solidarität eine andere ethische Tragweite. Verantwortung ist vor allem auf den persönlichen Zuständigkeits- und Wirkbereich gerichtet. Verantwortlichkeiten sollten klar verteilt und deutlich voneinander abgrenzbar sein. Bei Solidarität ist dies nicht der Fall. Niemand schreibt mir im engeren Sinne vor, mit wem ich solidarisch sein soll. Für mangelnde Solidarität wird man vielleicht getadelt oder für herzlos oder für egoistisch gehalten – dafür haften muss man allerdings nicht.

Solidarität hat offenbar eine andere soziale und eine andere ethische Qualität. Sie zeichnet sich im Wesentlichen dadurch aus, dass man aktiv anderen beisteht, hilft – oder zumindest die Bereitschaft zu Beistand und Hilfe signalisiert –, obwohl man weiß, dass man die missliche Lage der Hilfsbedürftigen weder kausal herbeigeführt noch sonst irgendwie direkt zu verantworten hat. Solidarität ist also grundsätzlicher. Wenn ich mich solidarisch mit Geflüchteten zeige, biete ich mich und meine Hilfsleistung, meine Zeit, mein Geld und/oder meine Zuwendung an, obwohl mir klar ist, dass ich die Lage von Geflüchteten nicht persönlich zu verantworten habe. Wer sich solidarisch zeigt, übernimmt *freiwillig* Verantwortung. Solidarität kennzeichnet sich durch Anteilnahme sowie praktische Hilfsbereitschaft.

Während ich diese Zeilen schreibe, hat ein massives Erdbeben große Teile der Türkei und von Syrien verwüstet. Niemand verantwortet dieses Erdbeben im engeren Sinne,

Erdbeben entstehen aus natürlichen Bewegungen der Plattentektonik. Trotzdem lässt sich eine Naturkatastrophe wie ein Erdbeben aus Verantwortungs- und Solidaritätsperspektive analysieren. Die Leichtigkeit, mit der viele Bauten in der Türkei kollabiert sind, warf retrospektiv die Frage auf, warum nicht erdbebensicher genug gebaut worden war. In den Tagen nach dem Erdbeben nahm die türkische Regierung sofort mehrere Bauunternehmer wegen Verdachts auf Pfusch am Bau fest.[121] Hier sehen wir eine retrospektive Verantwortungszuschreibung, die nicht nur eine ethisch-moralische Dimension hat – Menschen sind wegen schlechter Bauweisen gestorben –, sondern auch eine juristische. Aus prospektiver Perspektive stellt sich die Frage, wer die Verantwortung für einen Wiederaufbau und für kurzfristige sowie langfristige Hilfe trägt. Zum Glück: Infolge der Erdbebenkatastrophe, bei der zehntausende Menschen ums Leben kamen, zeigte sich jedenfalls eine immense internationale Solidarität, von Hilfsorganisationen wie von Privatpersonen.

Solidarität zeigt sich durch aktives, tatkräftiges Handeln oder durch Unterstützung und Handlungsermächtigung Dritter. Wer seine Solidarität ausspricht, sollte auch seine tatsächliche Hilfe anbieten. Sonst verkommt der Solidaritätsbegriff zur Worthülse, sonst wird Solidaritätsversicherung zum leeren Ritual. In den sozialen Netzwerken kann man beobachten, dass Menschen – die allermeisten sicherlich in bester Absicht – »Soli!« unter einen traurigen Beitrag oder Schicksalsschlag einer Person kommentieren, offenbar, ohne dass letztlich Weiteres passiert. Sicherlich eine nette Geste. Beistand ist auch eine Haltung, eine wichtige Botschaft, ein Zeichen von »du bist nicht allein«. In den meisten Fällen reichen pure Beistandsbekundungen jedoch nicht aus.

Im Fall eines Erdbebens oder kriegs- sowie klimabedingter Flucht braucht es mehr als warme Worte. Es muss tatsächlich etwas folgen, meist Sachspenden, finanzielle Hilfe oder sonstige Beitragshandlungen, die etwas bewirken. Wo Solidarität rein verbale Solidarität ist, hat sie einen performativen Charakter, der tröstlich und anteilnehmend wirkt und sicherlich besser ist als nichts – weil existenzielle Not jedoch in den meisten Fällen einhergeht mit materieller Not, reicht Zuspruch allein nicht aus.

Hier sehen wir den fließenden Übergang zwischen Verantwortung, Solidarität und Hilfe. Alle drei Sozialkonzepte hängen wesentlich mit unserem Selbstbild als autonome Akteure, die prosozial in eine Situation eingreifen können, zusammen. Psychologinnen sprechen an dieser Stelle von einer Selbstwirksamkeitserwartung. Die Überzeugung, eingreifen und Dinge verändern zu können. Hilfe leisten zu können, die gebraucht wird. Wer es als seine Aufgabe sieht, seinen Mitmenschen in Not solidarisch beizustehen, tut dies vor allem, weil er oder sie erstens denkt, dass die Mitmenschen diese Hilfe benötigen (»Ich werde gebraucht!«), zweitens in der Überzeugung der eigenen Selbstwirksamkeit (»Ich kann etwas bewirken!«) und drittens in Anerkennung einer moralische Beistandspflicht der Menschen untereinander (»Ich sollte etwas tun!«).

Um den Dichter John Donne zu zitieren: »Niemand ist eine Insel.« Das gilt insbesondere im Solidaritätskontext. Wir sind nicht versprengt und isoliert voneinander, sondern existenziell miteinander verbunden – als kleine Teile eines großen Archipels. In Hilfsbereitschaft und Tatkraft zeigt sich das Ich im Wir. Indem wir aneinander denken und, jenseits guter Absichten, jenseits von Gratismut und purer Beistandsversicherung, im Ernstfall auch füreinander aktiv tätig werden. So zeigt sich, dass wir es ernst meinen mit der verantwortungsvollen, solidarischen Einsatzbereitschaft fürs Gemeinwohl. Ganz im Sinne der Redewendung: *If you're going to talk the talk, you've got to walk the walk.* Lass deinen Worten Taten folgen.

Eigenverantwortung ist also ein elementares Prinzip unserer Freiheit, unserer Selbstachtung und unserer Selbstwirksamkeit. Der Gesellschaft und dem Gemeinwesen – und unserer Verbundenheit als Mitglieder der Menschenfamilie – tragen wir allerdings erst dann Rechnung, wenn wir über individuelle Autonomieprinzipien hinausdenken und uns wechselseitig anerkennen als miteinander verbundene Wesen. Wesen, die Hilfe benötigen und Unterstützung. Gemeinschaftsmitglieder, die gleichzeitig geben und nehmen. Eigenverantwortung ist schließlich nur etwas wert, wenn Sozialverantwortung ergänzend hinzutritt.

KAPITEL 5

DIE ALLMENDE – LEBEN IN EINER GEMEINSAMEN WELT

In der liberalen Erzählung ist die Maximierung der Ich-Freiheit identisch mit der Maximierung der gesellschaftlichen Freiheit. Mehr individuelle Freiheit sei angeblich immer besser. Die individualistische Verzauberung des Freiheitsbegriffs schlägt jedoch fehl, theoretisch wie praktisch. Beides ist offenkundig. Die Freiheit, wie sie uns der zeitgenössische Neoliberalismus verkaufen will, ist eine individualistische Verkürzung, der sozialen Wirklichkeit unwürdig. Diese Erkenntnis ist wichtig. Diesen Taschenspielertrick zu durchschauen, verdammt uns aber weder zur Resignation noch zum libertären Nihilismus. Die Kernbotschaft des freiheitlichen Denkens bleibt nämlich wahr: Wir sind freie Menschen. Wir können handeln. Nur sind wir weder allein auf der Welt noch betrifft unser Handeln einzig uns. Der springende Punkt: Was wir tun, betrifft andere. Andere, von denen wir abhängig sind. Mitmenschen, für die wir Verantwortung tragen.

Daran ändern auch alle künstlichen Versuche, sich zu isolieren, nichts. Besonders eindrückliche, energische Versuche, sich von anderen abzukapseln und der menschlichen Gesellschaft zu entziehen, sind in der Prepperszene zu beobachten. Prepper, das kommt vom englischen *prepare*, »vorbereiten«. Prepper sind jene Vorbereiter, die sich nicht auf irgendetwas vorbereiten, sondern auf Tag X. Tag X kann wiederum alles sein, von der Alieninvasion bis zur Zombieapokalypse oder, um bei den etwas weniger hollywoodesken Weltuntergängen zu bleiben, ein nuklearer Fallout, ein größerer Krieg gegen Russland oder wenigstens ein kleiner Bürgerkrieg. Prepper sind also jene Zeitgenossen, die vorbereitet sein wollen auf das Unvorbereitbare – den Untergang der Zivilisation. Sie tun dies, indem sie Nahrungsmittel horten, Vorräte anlegen, sich mit Werkzeug, Schutzausrüstung und nicht selten Waffen eindecken. Das Motto: *Hope for the best and be prepared for the worst.*[122]

Wo liegt das Problem? Selbst das deutsche Innenministerium empfiehlt jedem Bundesbürger, haltbare Nahrung und Wasser für circa zehn Tage für den Katastrophenfall zu Hause bereitzuhalten.[123] Und ein bisschen Vorbereitung gehört allgemein zum gesunden Menschenverstand. Sich zu überlegen, was man braucht, bevor man es braucht, scheint also eine kluge Idee. In der Prepperszene geht man allerdings einige Schritte weiter. Genaue Zahlen sind unbekannt, aber womöglich haben in Deutschland über einhunderttausend Menschen Dauervorräte zur vermeintlichen Krisenvorsorge angelegt.[124] Die Dimensionen der Katastrophenvorbereitung variieren sehr, national wie international. Bürgerliche Prepper müssen sich wohl oder übel damit abfinden, ihren Keller ein wenig zu bestücken. Manche, die wohlhabenderen Vorbereiter, bauen sich in Tradition des Kalten Krieges kleine Bunker in die Gärten. Und weil Superreiche bei allen schrecklichen Dingen ganz vorne mit dabei sind, gibt es selbstverständlich auch superreiche Prepper. Diese superreichen

Prepper bestücken nicht ihre Keller und bebunkern nicht ihre Gärten, sondern sie bauen sich regelrechte Festungen. Untergrundanlagen. Luxuriöse Rückzugsräume, teils mit Sicherheitspersonal und Swimmingpool.

Der Autor Douglas Rushkoff hat fünf superreiche Prepper bei der Planung ihrer Apokalypse-Überlebenskammern beraten. Sein Buch *Survival of the Richest* legt eindrücklich Zeugnis davon ab, was es bedeutet, autonomistisches Denken auf die Spitze zu treiben. Zur Erinnerung: Multimillionäre und Milliardäre sind ein ganz wesentlicher Grund für die Klimakrise. Kommt es zu Klima-Katastrophen, hat der Privatjetbesitzer wesentlich mehr dazu beigetragen als der Plattenbaubewohner. Die Organisation Oxfam geht davon aus, dass der Klima-Fußabdruck der Superreichen im Jahr 2030 etwa dreißigmal größer sein wird, als mit dem Ziel des Pariser Klima-Abkommens, die Erderwärmung auf 1,5 Grad zu beschränken, verträglich ist.[125] Einige der Leute also, die durch ihre Lebensführung die Klimakrise und damit einhergehende Konflikte ganz wesentlich herbeigeführt haben, entscheiden sich – ganz im Sinne der sozialdarwinistischen Überlebenslogik –, nicht mit uns Normalsterblichen, nun ja, zu sterben, sondern Tag X zu überleben, im privaten Untergrund mit Sicherheitspersonal, Pool und Weinkeller.

Während ein isoliertes Luxus(über-)leben mitten im Weltuntergang zunächst wie eine nette, vielleicht sogar beneidenswerte Idee klingt, wird die angenehme Vorstellung schnell von der brutalen Realität eingeholt. Die Superreichen, die Rushkoff getroffen hat, stehen nämlich vor einigen handfesten organisatorischen wie ethischen Dilemmata. Wie muss mein Bunker aussehen, damit ich möglichst lang und weitgehend autark überlebe? Wie halte ich jene draußen, die draußen bleiben sollen? Und vor allem: Wie halte ich als dekadenter Bunkerbesitzer mein Sicherheitspersonal davon ab, mich in der Postapokalypse einfach umzubringen und selbst die Kontrolle zu übernehmen? Fragen über Fragen, die sich üblicherweise Despoten, Diktatoren und Tyrannen stellen müssen – und auf die es letztlich keine wirklich befriedigenden Antworten gibt; und zwar weder aus der organisatorischen noch aus der ethischen Perspektive.

Ein Autonomismus, der schon in der »Prä-Apokalypse« (aka im Jetzt) nicht funktioniert, muss in der Post-Apokalypse erst recht scheitern. Ein postapokalyptischer Zustand libertärer Anarchie ohne Gesetz, ohne Staat oder ohne jegliches Regulativ wäre zwar, zumindest theoretisch, spannend zu beobachten. Serien wie *The Walking Dead* denken dieses Gedankenexperiment überaus fesselnd durch.[126] Bei nüchterner Überlegung stellen wir jedoch fest, dass im Bunker nicht nur der Prepper selbst, sondern sein autonomistischer Denkfehler ebenfalls überlebt. Allerdings nicht lange. Die bittere Pille lautet: Freiheit ist auf lange Sicht nur gemeinsam zu haben. Und zwar egal, ob prä- oder postapokalyptisch. Wir sitzen im selben Boot – erst recht, wenn es stürmt.

Bestenfalls sieht man also zu, dass die zivilisierte Welt nicht vorzeitig untergeht. Und zwar, indem man sich zivilisiert verhält. Als Gedankenexperimente sind solche Szenarien zwar wertvoll. Was wir tun sollten, lässt sich unter anderem aus hypothetischen Negativszenarien ableiten. Was wir tun sollten, sehen wir immer auch daran, was wir *nicht* tun sollten: Die gute Handlungsalternative zeigt sich vor dem Hintergrund schlechterer Alternativen. Individualismus und der Isolationismus bringen uns vielleicht an den Punkt des Kollapses, aber nicht darüber hinaus.

Somit scheint klar, was wir nicht tun sollten: uns weiter isolieren, getrieben von Angst und Bunkermentalität. Wer andere primär als Gefahrenquelle sieht und als Ressourcenkonkurrenten im Überlebenskampf, lebt nicht nur unentspannt, sondern übersieht auch Kooperationsmöglichkeiten. Statt permanentem Einzelkämpfermodus brauchen wir eine Rückbesinnung auf etwas, das seit dem Mittelalter bekannt ist. Etwas, das verbindet. Das Prinzip der Allmende.

Der Begriff »Allmende« ist ursprünglich ein Rechtsbegriff. Etymologen führen ihn auf das altnordische *almenningr* zurück. *Almenningr* bedeutet übersetzt »was jedem gehört«. Gemeint ist damit ein Kollektiveigentum, meist in Form von Wald und Wiesen. Noch heute gibt es Allmenden in der Schweiz, in Teilen von Südbayern und vor allem in einigen Ländern des Globalen Südens. Es sind Landstriche (zum Beispiel Felder, Flüsse, Wiesen, Wälder), die von Anwohnern gemeinschaftlich genutzt werden können und gemeinschaftlich genutzt werden; meist von Bauern, um ihr Vieh dort weiden zu lassen.

Jahrhunderte vor dem Privatisierungsgedanken moderner Gesellschaften waren kollektiv genutzte Allmenden nahezu an jedes Dorf angeschlossen. Erst ab dem 15. Jahrhundert wurden Allmendeflächen in Deutschland nach und nach angeeignet und privatisiert. Das gemeinschaftliche Nutzungsrecht ökologischer Flächen verschwand. Und mit ihm verschwand die Vorstellung kollektiven Eigentums, das alle pflegen, weil es allen dient. An seine Stelle traten Privateigentum, Pachten und Profit.

Was wir heute wieder vergemeinschaften müssen, ist

unsere Denkweise. Wir brauchen eine gemeinschaftliche Perspektive auf eine gemeinsam bewohnte Welt. Klingt gut? Finde ich auch. Doch allein mit der Vorstellung tut so mancher sich schwer. Wie kommen wir dann erst von der Vorstellung an die praktische Umsetzung? Das Unbehagen sitzt tief. »Es ist einfacher, sich das Ende der Welt vorzustellen, als das Ende des Kapitalismus«, lautet ein Zitat des Kulturwissenschaftlers Fredric Jameson. Wir werden im 21. Jahrhundert allerdings nicht darum herumkommen, den jahrtausendealten Allmendegedanken zu reaktivieren und zeitgenössisch zu modernisieren.

Dabei begleitet uns einerseits ein Unbehagen, weil Prinzipien kollektiven Eigentums grundlegend gegen die (neo-)liberalen Vorstellungen unserer kapitalistisch geprägten Gesellschaft verstoßen. Andererseits haben wir nicht nur im 20. Jahrhundert diverse kollektive politische Systeme scheitern sehen, vom Kommunismus über den Sozialismus. Und die Kollektivgesellschaften, die fortbestehen, werfen auch nicht immer ein gutes Licht auf die Idee der politisch forcierten Gemeinschaft. Gleichzeitig sehen wir überall gute Argumente, die gegen ein Maximum an Privateigentum und Privatautonomie sprechen. Nicht zukunftsfähig erscheint eine »Trumpisierung« des Eigentums und Lebensstils. Nur, um sich dann, sobald dieses Lebensmodell kollabiert, in seinen atombombensicheren Bunker zurückzuziehen. Das kann nicht unsere gemeinsame Vorstellung vom guten Leben sein. Ebenso wenig folgt aus dem Scheitern autonomistisch-kapitalistischer Leitprinzipien automatisch die Abschaffung des Privateigentums und die Vergesellschaftung von allem.

Im Sinne einer lebenswerten Zukunft müssen wir mehr und vor allem besser differenzieren. Die Unfähigkeit, in Zwischenschritten zu denken, hat uns nämlich erst in diese Lage gebracht. Extremistisches Denken bringt uns also nicht weiter. Jenseits extremistischer Herangehensweisen müssen wir dennoch offen sein für Alternativen. Offen sein für Reformen von Lebensstil, Politik und Wirtschaft. Da der Individualismus und der radikale Autonomismus uns das Schlamassel eingebracht haben, in dem wir uns jetzt befinden, darf es kein Tabu sein, anti-individualistische Gedanken und anti-autonomistische Forderungen aufzustellen. Ohnehin: Die Idee absoluter Freiheit im Kapitalismus ist eine Illusion. Der Alltag läuft doch ganz anders ab. Um es mit den Worten von Cornelius Oettle zu sagen: »Am Sozialismus stört mich ganz einfach, dass er den Menschen umerziehen, ja umformen will, wohingegen der überlegene Kapitalismus auf der uns allen ureigenen Veranlagung basiert, um 5 Uhr aufzustehen und in lebenslanger Abhängigkeit den ganzen Tag für völlig Fremde zu arbeiten.«[127]

Wir können die Allmende also vielleicht nicht direkt als konkreten Rechtsanspruch zurückbringen. Es gibt in unseren Großstädten keine gemeinsamen Weiden, keinen gemeinschaftlich genutzten Wald, keinen kollektiv befischten Fluss.[128] Eine komplette Rückabwicklung unserer industrialisierten Lebensweise zugunsten einer kollektivistischen Agrargesellschaft scheint darüber hinaus weder machbar noch wünschenswert. Wofür ich plädiere im Sinne eines kollektiven Gemeinwohls ist vielmehr, dass wir uns ein Allmendemindset zurückholen. Die Luft, die wir atmen, ist unsere Luft. Das Wasser, das aus meinem Wasserhahn oder meiner Dusche kommt, kommt zwar aus *meiner* Leitung, ist aber *unser* Wasser. Die Erde, die wir der nächsten Generation hinterlassen, ist unsere *gemeinsame* Erde.

Was ich sage, klingt auf den ersten Blick womöglich ein bisschen nach naiver Eine-Welt-Romantik. Und auch hier verstehe ich das Unwohlsein. Allerdings: Eine gemeinschaftliche Gemeinwohlperspektive ist kein utopischer Hippie-Fantastismus. Die Allmendeperspektive ist eine konkrete Perspektive, die wir alle als Geisteshaltung einnehmen können: *We're all in this together.* Daher ist das Gegenteil von einem rücksichtslosen Autonomismus nicht Kollektivismus, Zwang und Unterjochung (und auch nicht zivilisatorischer Rückschritt bis in die Steinzeit). Das Gegenstück zur individualistischen, neoliberalen Rücksichtslosigkeit, die sich in den letzten Jahrhunderten etabliert hat, ist schlichtweg eine genuine Wir-Perspektive. Eine Wir-Perspektive, die sich sowohl in Wissen als auch Gewissen niederschlägt.

Im Gewissen insofern, dass uns klar sein muss, dass das, was wir manchmal so gerne tun oder besitzen – Stichwort Überkonsum, Energieverschwendung, Flugreisen, Automobil und Eigenheim – deshalb moralisch problematisch ist, weil es letztlich der Gemeinschaft schadet. Neben das Gewissen muss aber das Wissen treten. Neben ethische Theorie müssen faktische, nüchterne, empirische Überlegungen Platz machen für ökologisch motivierte Verhaltensveränderung. Ein Wissen, dass es – schlechtes Gewissen hin oder her – so praktisch nicht mehr weitergeht. Ich kann vielleicht innerhalb Deutschlands fliegen, eine Urlaubsreise machen, ein Auto kaufen und, wenn ich viel Geld habe, vielleicht auch ein Haus. Du kannst das vielleicht auch. Aber wir alle können das nicht. Ulrike Herrmann schreibt in ihrem Buch *Das Ende des Kapitalismus*: »Doch so beliebt das Eigenheim in Deutschland ist: Es kann kein Bürgerrecht sein, dass sich jede Familie ein Haus baut. Der Flächenfraß wäre gigantisch.

Wenn alle Berliner in einem Eigenheim wohnten, würde die Hauptstadt bis zur Ostsee reichen.«[129]

Viele individuelle Freiheitswünsche scheitern, pflichtethisch gesprochen, an einem Mangel an Universalisierbarkeit. Etwas zu wollen, heißt noch lange nicht, dass es moralisch richtig ist oder überhaupt allgemein machbar. Oder utilitaristisch gesagt: Viele individuelle Freiheitswünsche scheitern am kollektiven Schaden, der durch sie entsteht. Und keine wirtschaftsliberale Technologie-Offenheit und kein magischer Realismus werden uns aus diesem Dilemma schnell herausholen. Natürlich wird weiter geforscht, natürlich soll weiter geforscht werden, aber: Es wird in absehbarer Zeit keine Wundertechnologie geben, die den materiellen Aufstieg aller auf nachhaltige Weise ermöglicht. Eine bittere Pille für alle, die an technische Novitäten glauben wie Christen an das Himmelreich.

Die Wahrheit lautet, das Allmendemindset besteht, neben technischer Optimierung, auch aus Verzicht – vor allem aus einem Verzicht auf Verschwendung. Neben Autonomie muss Verantwortung treten. Neben Egoismus Solidarität. Ein Handeln Einzelner sollte mit dem Blick auf die Güter aller stattfinden. Und das kann durchaus bedeuten, dass wir den Kubickis dieser Welt vielleicht nicht direkt den Wasserhahn zum Duschen abdrehen; aber sie zunächst freundlich daran erinnern, dass Wasser, Wärme und Energie letztlich kollektive Güter sind. Und mit der Zeit wird diese Erinnerung vielleicht weniger freundlich.

DAS GEMEINWOHLPROBLEM

Was hier im Raum steht, ist das Gemeinwohlproblem. Im Verlauf dieses Buches haben wir auf vielfältige Weise gesehen, wie Individualhandlungen mit der Idee des Gemeinwohls kollidieren. Die triviale Antwort lautet also, wir müssen einfach das Gemeinwohl maximieren. Leider ist die Realität mal wieder etwas weniger trivial als erhofft. Es herrscht nämlich keinerlei Einigkeit darüber, was unter dem Begriff »Gemeinwohl« zu fassen ist und was nicht. Vielmehr ist Gemeinwohl, ebenso wie Freiheit, ein ziemlich diffuser, philosophisch wie politisch hart umkämpfter Begriff.

Gehen wir erst mal negativ an den Begriff heran. Per Ausschlussverfahren. Wir erkennen ziemlich gut, was das Gemeinwohl *nicht* ist. Entgegen libertären (und oft auch liberalen) Philosophien, stellt sich das Gemeinwohl keineswegs automatisch ein, solange jeder bloß seine Eigeninteressen verfolgt. Die titelgebende Erkenntnis springt uns nach all den vorangegangenen Überlegungen förmlich an: Wenn jeder an sich denkt, ist eben nicht an alle gedacht. Die Maximierung von Eigeninteresse und Individualfreiheit hat sich als autonomistische Augenwischerei entpuppt. Niemand ist eine Insel. Es geht hierbei um viel mehr als um unterschiedliche philosophische und politische Präferenzen. Es geht um faktische, empirische Realität.

Das Scheitern des modernen Hyperindividualismus erleben wir vielerorts empirisch, so zum Beispiel auch an Markern wie dem *Earth Overshoot Day*. Der sogenannte Erdüberlastungstag ist jener Tag im Kalenderjahr, ab dem die Erde alle ihre Ressourcen aufgebraucht hat, die sie innerhalb eines Jahres auch regeneriert. Also der Tag, an dem die menschliche Nachfrage die nachwachsenden Rohstoffe übersteigt. Ab da leben wir, planetarisch gesehen, auf Pump. Der Erdüberlastungstag rückt seit Jahrzehnten kontinuierlich nach vorne. Anfang des Jahrtausends war er im September, dann im August – mittlerweile ist er im Juli. Würden wirtschaftsliberale und libertäre Theorien zutreffen, müsste ein radikales Verfolgen unternehmerischer wie privater Eigeninteressen kumulativ zu einer Vergrößerung des Gemeinwohls führen. Das Gegenteil ist jedoch der Fall.

Statt allgemeiner Zufriedenheit sind ökologische Belastung und Verteilungskonflikte die spürbare Folge. Zumindest aus einer gemeinschaftlichen Allmendeperspektive sehen wir das sukzessive Scheitern einer Menschheit, in der zu viele primär an sich denken. Ob wir Vermögensverteilung, Energie- oder Ressourcenverbrauch anschauen – das Resultat ist oftmals eine sozioökonomische Bankrotterklärung. Ein Wettrüsten in Richtung Abgrund. Dies anzuerkennen, ist also keine politisch-philosophische Präferenzfrage, sondern schlichtweg planetarischer Realismus. Bei der Beurteilung der Gemeinwohlfrage lohnt es sich also, empirisch messbare, über den subjektiven Erfahrungshorizont hinausreichende Daten zur Hand zu nehmen.

Versuchen wir es mit einer eigenen Definition. Ist Gemeinwohl vielleicht einfach das, was andere von uns wollen? Indem ich mich gefällig verhalte, mich in meine Mitmenschen hineinversetze und überlege, wie ich zur allgemeinen Bedürfnisbefriedigung beitragen kann, steigere ich ganz bestimmt das allgemeine Wohl. Oder etwa nicht? Klingt zunächst gut. Bei genauerer Betrachtung greift diese Definition jedoch ins Leere. Gemeinwohl kann nicht bloß bedeuten, das zu tun, was andere von uns erwarten. Der Drogendealer zum Beispiel tut genau das, was seine Kunden vom ihm wollen – Drogen verkaufen. Allerdings würde es Außenstehenden schwerfallen, sein Handeln als Gemeinwohlbeitrag zu lesen. Ebenso handelt der Abmahnanwalt ganz im Sinne seiner Klienten und seiner Kanzlei. Auch die Drückerkolonne, die Enkeltrick-Betrüger-Bande und die Hacker, die bei ihren Opfern Trojaner installieren – sie alle handeln im Sinne ihrer Gruppenerwartung, die im Geldverdienen besteht. Und wenn ein großer, internationaler Lebensmittelhersteller ein Stück südamerikanischen Regenwald abholzt, um an seiner Stelle hektarweise Monokulturen anzubauen und sie gewinnbringend zu verkaufen, wird dies deren Anleger freuen. Gemeinwohlstiftend? Fehlanzeige.

Zugegeben: Gemeinwohl hat mit dem zu tun, was andere von uns wollen. Es muss aber eine objektive Nutzenkomponente hinzukommen, die über die zuvor genannten Fälle hinausgeht. Wer Drogen verkauft, schadet anderen; Telefonbetrüger sind eine lukrative, aber überflüssige Industrie; und den Regenwald aus Profitgründen plattzumachen, sollte verboten sein, weil Wälder immense Mengen unseres lebensnotwendigen Sauerstoffs produzieren (und somit wichtiger sind als irgendwelche Monokulturen). Wir sehen: Das Nachdenken über das Gemeinwohl impliziert also durchaus eine ethische Komponente. Ohne ethische Dimension ist das Gemeinwohlkonzept leer.

Ein weiterer Versuch, den Gemeinwohlbegriff sinnvoll zu erschließen, ist, ihn aus utilitaristischer Perspektive zu betrachten. So gesehen, wäre Gemeinwohl das, was den meisten Menschen dient, am meisten Glück stiftet und/oder für besonders viele Menschen nützlich und richtig erscheint. Dies ist ein vielversprechender Ansatz. Gemeinwohl muss überindividuell einem Kollektiv dienen, einer Mehrheit. Allerdings gibt es auch hier einen Haken. Das Gemeinwohl darf nicht zu einer »Diktatur der Mehrheit« verkommen. Wäre dem so, könnte man die Unterdrückung von Minderheiten durchaus mit dem Gemeinwohlargument rechtfertigen. »Solange die meisten davon profitieren« kann also kein *absolutes* Kriterium für die Nützlichkeit von Handlungen, Regeln oder Gesetzen sein. Wer Freiheit für alle will, muss neben diese naiv-utilitaristische Perspektive eine weitere treten lassen und den Gemeinwohlbegriff mit universellen Grundfreiheiten und Menschenrechten koppeln. Als gemeinwohlfördernd kann dann das und nur das gelten, was erstens das Wohl vieler Menschen fördert und somit den Zustand der Gesellschaft verbessert – und gleichzeitig grundlegenden, nicht verhandelbaren Grundrechten und Menschenrechten gerecht wird.

Besonders hervorzuheben sind hier unter anderem ein Verbot von Diskriminierung und ein Leben in Würde und Freiheit. Unternimmt man diese Absicherung des Gemeinwohls über die Menschenrechte nicht, könnten beispielsweise die Rassengesetze der Nationalsozialisten, die Rassentrennung in den USA bis zur Bürgerrechtsbewegung der US-amerikanischen 1950er und 1960er oder überhaupt jegliche Segregation und Diskriminierung als gemeinwohlstiftend gelten, solange nur eine privilegierte Mehrheitsgesellschaft die Minderheitenunterdrückung abnickt und ausreichend von ihr profitiert.

Ein auf diese Weise gedachter Gemeinwohlbegriff wäre aus offensichtlichen Gründen inakzeptabel. Er verstieße gegen die allgemeine Menschenwürde. Halten wir also fest, dass Gemeinwohl durchaus mit dem Wohl aller zusammenhängt, aber wirklich aller; zumindest kann das Wohl einiger nicht gänzlich vernachlässigt, ausgeklammert oder bewusst sabotiert werden. Menschen- und Grundrechte sind insofern ein zivilisatorischer Fixpunkt, als dass sie dem Schicksal und dem Wohlergehen Einzelner einen immanenten Selbstwert zuschreiben. Sie sind, wenn man so will, die positive Seite des Individualismus.

Was ich vorschlage, ist eine »Ethik der Tragweite«. Zu dieser Ethik der Tragweite gehört, ganz grundlegend, auch eine Erweiterung und Präzisierung des Freiheitsbegriffes. Individualistisch verkürzte Sichtweisen auf den Freiheitsbegriff müssen radikal kritisiert und verworfen werden. Vielmehr brauchen wir ein Freiheitsverständnis, das uns ein gutes kollektives Leben und gemeinsames Überleben ermöglicht, jenseits libertärer Anspruchsmentalität. Doch Vorsicht! Daraus leitet sich nicht die Abschaffung individueller Autonomie ab. Im Gegenteil: Autonomie wird auch im 21. Jahrhundert ein erstrebenswertes Leitprinzip menschlichen Handelns bleiben. Menschen- und Grundrechte sind unverhandelbar.

Eine Ethik der Tragweite muss aber einen erweiterten Freiheitsbegriff zur Grundlage haben im Sinne von: Freiheit ist nur dann erstrebenswerte Freiheit, wenn sie die Freiheit aller irgendwie berücksichtigt. Autonomie ist nur in einer Kombination mit Verantwortung und Solidarität zu haben. Um es mit der Philosophin Alena Buyx zu sagen: »Eigenverantwortung ist ein guter und wichtiger Begriff für die Gesellschaft. Eigenverantwortung ist eine Aufgabe. Das bedeutet ja nicht, dass ich mich rücksichtslos verhalte – sondern dass ich Verantwortung übernehme für das, was ich tue, und es mir nicht aufgedrückt wird. Und natürlich impliziert der

Begriff, dass ich auch eine Verantwortung für andere habe. Eigenverantwortung und Solidarität gehören zusammen. Das sind keine Gegensätze, sondern zwei Seiten einer Medaille.«[130]

Eine ethische »Tragweite« stellt sich insofern ein, dass eine verantwortungsvolle Freiheitsethik die Konsequenzen individueller Handlungen angemessen berücksichtigt – und politische Regeln installiert, die positive Handlungsfolgen begünstigen. Die Tragweite bezieht sich dabei einerseits auf die individuelle Ebene und das, was ich im Hier und Jetzt tue. Darüber hinaus tragen wir aber auch Verantwortung für die Welt, die wir den Nachgeborenen hinterlassen. Insofern ist Tragweite begrifflich auch auf die Zukunft gerichtet, ist temporale Tragweite im Sinne einer vorwärtsgerichteten Verantwortung. Fragen wie der schnelle Umbau in Richtung einer klimaneutralen, möglichst nachhaltigen Gesellschaft sind aus dieser Perspektive kein Luxus, grünes Wunschdenken oder irgendwie »nice to have«. Sie sind elementarer Bestandteil verantwortlicher Politik und Grundlage einer lebenswerten Zukunft. Das Verbot von Verbrennungsmotoren, ein Tempolimit auf Autobahnen, grüne Innenstädte mit weniger Pkws sowie gut ausgebaute öffentliche Verkehrsnetze im ländlichen Bereich, eine nachhaltig produzierende Industrie, die ihre Energie maximal aus erneuerbaren Quellen bezieht und so weiter – all diese Dinge sind realpolitische Gemeinwohlprobleme, die eine Ethik der Tragweite in Angriff nehmen muss. Eine nachhaltige Lebensweise umzusetzen, ist, so gesehen, nicht weniger als unsere ethische Pflicht füreinander.

Ein Motto des Allmendegedankens kann lauten: »Global denken, lokal handeln.« Diese Maxime, die seit Jahrzehnten in verschiedenen Bereichen (u. a. Umwelt, Wirtschaft, Bildung) Anwendung findet, rückt einen wichtigen Punkt ins Bewusstsein: Die lokale Allmende ist ein Teil der globalen Allmende. Dort, wo individueller Freiheitsmaximalismus – sei es von Firmen oder Personen – droht, die hiesige ökologische, kulturelle oder soziale Situation zu verschlimmern, sollte die lokale Gemeinschaft laut werden, aufstehen, eingreifen. Gemeinwohl zeigt sich in diesem Sinne auch nicht als bloßer Endzustand, sondern als aktiver Prozess, der gemeinsam von einer füreinander handelnden Gemeinschaft hergestellt wird. Gemeinwohl ist ein Tun, ein Partizipationsprojekt. Nachbarschaftshilfe, Bürgerbewegungen, Graswurzelbewegungen, die aus der Bevölkerung entstehen, usw. – es gibt viele Möglichkeiten, lokal in Erscheinung zu treten und sich interessengebunden und zielgerichtet zu organisieren.

Die Bürgerinitiative »Deutsche Wohnen & Co. enteignen« ist zum Beispiel ein eindrücklicher regionaler Versuch, gemeinsam mehr Gemeinwohl für die bundesdeutsche Hauptstadt zu bewirken. Auch ich habe im September 2021 dafür gestimmt, den Senat aufzufordern, alle Maßnahmen einzuleiten zur Vergesellschaftung großer privater Wohnungsunternehmen. Wie die anderen 59,1 Prozent der gültigen Stimmen hoffe auch ich auf eine Enteignung jener großen privaten Immobilienkonzerne, die unsere Stadt gezielt und aus reinen Profitinteressen fast unbewohnbar teuer machen. Dabei ist das Recht auf menschenwürdiges Wohnen Teil des Artikels 25 der Allgemeinen Erklärung der Menschenrechte – und die Raffgier riesiger Immobilienfirmen bedeutet nicht weniger, als dass vielen Menschen dieses Recht verwehrt bleibt. »Jeder hat das Recht auf einen Lebensstandard, der seine und seiner Familie Gesundheit und Wohl gewährleistet, einschließlich Nahrung, Kleidung, Wohnung, ärztliche Versorgung und notwendige soziale Leistungen, sowie das Recht auf Sicherheit im Falle von Arbeitslosigkeit, Krankheit, Invalidität oder Verwitwung, im Alter sowie bei anderweitigem Verlust seiner Unterhaltsmittel durch unverschuldete Umstände.« Eine Klausel, welche die Interessen von Wohnraumspekulanten wie Deutsche Wohnen & Co. über die der Menschen gewichtet, sucht man vergebens.

Doch selbst, wenn man sich von einer Ethik der Tragweite anleiten lässt und sich zusammenschließt, um das kollektive Wohl zum Ziel seiner gemeinsamen Bestrebungen zu machen: Gemeinwohl klappt nicht von jetzt auf gleich. Nicht immer ist sofort Besserung in Sicht. Die Initiative »Deutsche Wohnen & Co. enteignen« hat zwar den immensen Willen der Berliner und Berlinerinnen für einen bezahlbaren Wohnungsmarkt manifestiert, wirklich passiert ist bisher allerdings wenig. Die Politik muss in der repräsentativen Demokratie ihren Teil leisten; und zwar in Form ihrer Repräsentanten. Das Repräsentationsprinzip ergibt nur Sinn, wenn auch wirklich repräsentiert wird. Keine Einzelperson kann eine Wohnungsgesellschaft enteignen. Niemand allein kann einen Mietpreis deckeln. Kein Mensch kann alleine ein Tempolimit einführen. Die Regeln, die für diese Dinge notwendig sind, müssen auf politischer Ebene installiert werden, als Folge und Vertretung kollektiver Willensbildung. Liberale und Libertäre werden hier naive Umverteilungsphantasien am Werk sehen. In Wahrheit jedoch steht eine Initiative wie »Deutsche Wohnen & Co. enteignen« fest auf dem Boden des Grundgesetzes, wo es in Artikel 15 heißt:

»Grund und Boden, Naturschätze und Produktionsmittel können zum Zwecke der Vergesellschaftung durch ein Gesetz, das Art und Ausmaß der Entschädigung regelt, in Gemeineigentum oder in andere Formen der Gemeinwirtschaft überführt werden.« Der Allmendegedanke findet sich also selbst in unserer Verfassung. Leider bisher nur als Papiertiger.

LANGSTRECKENETHIK STATT LANGSTRECKENFLÜGEN

Dass wir ein Gemeinwohl herstellen wollen, steht also außer Frage. Ebenfalls außer Frage steht, dass dieses Gemeinwohl oft den Interessen einzelner Individuen oder Firmen (wie zum Beispiel raffgieriger Wohnungsunternehmerinnen) widerspricht. Politik muss also den Mut wiederfinden, mehr im Sinne der *res publica*, das heißt des Gemeinwesens und somit der Menschen, zu handeln. Und politisches Handeln heißt schlussendlich nichts anderes, als Leitprinzipien zu etablieren, Regelwerke zu schaffen, Gesetze zu schmieden. Und ja, natürlich, auch Dinge zu verbieten. Kurzum: die soziale Welt zu gestalten. Und zwar nicht irgendwie, sondern so, dass kollektiver Profit über einzelne Interessengruppen hinaus entsteht. Vieles davon hat, zumindest in Zeiten einer fortschreitenden Klimakrise, mit der Umwelt, der Energiewende und einem grünen, gesunden Wirtschaften zu tun. Aus dem simplen Grund, dass ein gemeinsames Bewohnen einer gesunden, nachhaltigen Umwelt ein Ziel ist, das alle Menschen teilen. Primär aus umweltethischen Leitprinzipien sollte eine verantwortungsvolle Politik daher Maßnahmen ableiten, die sich auf das gesamte Sozialleben auswirken und die Gesellschaft zum Besseren wenden. Einige davon werden schon nach und nach etabliert. Ein Lieferkettengesetz, gleichermaßen zum Schutz von Menschenrechten sowie Umweltschutz; ein Ausbau von Windrädern und ein Fördern von Solarmodulen; der sukzessive, irreversible und – so ist zu hoffen – irgendwann internationale Ausstieg aus der Atomkraft; und, und, und. Bei diesen Maßnahmen muss man die Menschen, so gut es geht, mitnehmen. Das ist leichter gesagt als getan.

Schon mit Blick auf die lokale Allmende funktioniert das nicht immer. Bei der Berliner Wahlwiederholung im Frühjahr 2023 ist die Grünen-Politikerin Bettina Jarasch unter anderem mit ihrer Forderung, die Parkplätze zu halbieren, gescheitert (anders als die Politik in Paris, wo über die nächsten Jahre zehntausende oberirdische Parkplätze abgeschafft werden sollen). Die Gegner einer Energie- und Verkehrswende nutzen dabei immer wieder das populistische Narrativ eines angeblichen Kulturkampfes gegen das Auto. »Die Grünen müssen die Wirklichkeit auf Berlins Straßen endlich zur Kenntnis nehmen«, heißt es dann beispielsweise von CDU-Politiker Kai Wegner.[131] Dabei ist das krampfhafte Festhalten am Status quo der Grund für die suboptimale Berliner Wirklichkeit: Autos überall, schlechte Luft, viel Umweltverschmutzung. Es ergibt daher mehr Sinn, auf Stimmen wie den Publizisten Christian Stöcker zu hören, der angesichts der offenbar ungebrochenen Liebe vieler deutscher Politiker zum Verbrennungsmotor (und allgemein: fossiler Energien) schreibt: »Wir müssen aufhören, auf diese Leute zu hören. Sie haben uns in die aktuelle Lage gebracht. Und sie wollen so weitermachen.«[132]

Allerdings sehen das nicht alle so. Offenbar fühlen sich viele Wählerinnen und Wähler noch nicht ausreichend abgeholt von Vorschlägen, die die Lage verbessern wollen; und sehen sich irrigerweise gut aufgehoben bei jenen, die die Problemlage kleinreden. Fakt ist dennoch: Selbst bei einer Halbierung der Automobile in Großstädten gäbe es vor Ort immer noch viele, im Grunde zu viele umweltschädliche Automobile. Und natürlich müsste eine solche Verkehrswende mit dem Ausbau des Bus- und Bahnnetzes sowie flächendeckender Fahrradwege einhergehen. Autos werden nicht ersatzlos gestrichen. Es geht – neben der Einführung weniger umweltschädlicher Elektroautos – um guten, praktikablen, preiswerten Ersatz für das private Automobil, das bekanntlich im Durchschnitt 23 Stunden am Tag nicht fährt, sondern steht.[133]

Um neue Lösungen zu kommunizieren, brauchen wir auch ein anderes Framing und bessere Narrative. Denn es gibt keinen Kulturkampf gegen etwas, sondern einen Kulturkampf *für* etwas. Eine gemeinwohlorientierte Politik sollte das negative Framing überwinden und sich nicht von jenen die Erzählung vorgeben lassen, die behaupten, es gehe um die perverse Lust am Verbieten. Im Gegenteil. Es geht durchaus um Lebens- und Verhaltensveränderung – aber nicht deshalb, weil böse, böse Linksgrüne zum Beispiel die Automobilwirtschaft nicht mögen. Kern der Botschaft muss sein, *wofür* man ist, nicht wogegen. Wir sind *für* einen Umbau der Gesellschaft in eine möglichst nachhaltige, umweltethisch weniger problematische Gemeinschaft, weil wir sonst irgendwann in einer feindlichen Umwelt leben, in der Klima-Katastrophen wie die Flutkatastrophe im Ahrtal (2021) deutlich zunehmen. Wir sind *für* einen verantwortlichen Umgang mit der Erde und ihren Ressourcen, weil es zu einem intergenerationellen Verantwortungskonzept gehört, unseren Kindern und deren Kindern eine bewohnbare Erde zu hinterlassen. Wir sind *für* eine Ethik der Tragweite, die Menschenrechte und ökologische Leitprinzipen zu ihren wesentlichen Kategorien macht. Und *weil* dem so ist, sind bestimmte Maßnahmen unabdingbar. Und eben weil dem so ist, ist ein »Weiter so!« niemals die Lösung, sondern immer das Problem.

Was ich hier fordere, ist keineswegs neu. So gab uns schon der Philosoph Hans Jonas vor fast einem halben Jahrhundert seinen ökologischen Imperativ an die Hand: »Handle so, dass die Wirkungen deiner Handlung verträglich sind mit der Permanenz echten menschlichen Lebens auf Erden. Oder negativ ausgedrückt: Handle so, dass die Wirkungen deiner Handlung nicht zerstörerisch sind für die künftige Möglichkeit solchen Lebens.«[134] Diese an Kants kategorischen Imperativ angelehnte Formel zum guten umweltethischen Handeln wird heute weitgehend ignoriert.

So ein ökologischer Imperativ bedeutet auch, zu Ende gedacht, dass wir bestimmte Aufstiegserzählungen abschaffen und durch neue ersetzen. National wie international. Die dominanten bürgerlichen Erzählungen können im 21. Jahrhundert nicht dieselben wie die des 20. Jahrhunderts sein. Es ist weder sinnvoll noch wünschenswert, dass jeder Deutsche Autobesitz und Eigenheim anstrebt. Was für uns Deutsche gilt, gilt erst recht weltweit. Wenn jeder auf der Welt anfängt, wie wir Europäer im Jahre 2023 zu leben – wir bräuchten viele weitere Erden, um auch nur ansatzweise mit dem Ressourcenverbrauch klarzukommen. Wir müssen uns also von den autonomistischen Erzählungen des 20. Jahrhunderts verabschieden. Um noch mal Christian Stöcker zu zitieren: »Es ist in dieser Zeit ständiger dramatischer Umbrüche unumgänglich, seinen Blick auf so manches ebenso dramatisch zu verändern. Zum Beispiel den Blick auf die politischen Entscheidungen, die uns in die Lage gebracht haben, in der wir uns gerade befinden. Und den Blick auf die Leute, die uns diese Entscheidungen eingebrockt haben.«[135]

Wir brauchen neue Erzählungen, die sowohl machbar als auch klimagerecht sind. Ein zentrales neues Narrativ für das 21. Jahrhundert könnte beispielsweise eine Resilienzerzählung sein: Wir sorgen gemeinsam dafür, widerstandsfähige Menschen und eine robuste Gesellschaft zu werden, indem wir die unter anderem ökologischen Krisen und Herausforderungen der kommenden Jahre kollektiv meistern. Gemeinsam so viel Positives bewerkstelligen, wie in unserer Macht liegt. Die gemeinschaftlich geteilte Welt so lebenswert gestalten, wie nur möglich. Das Teilen von Gütern ist eine Notwendigkeit zukunftsfähiger Erzählungen. Leihen und Mieten statt Besitzen. Reparieren statt Wegwerfen und Neukaufen (Stichwort »Fast Fashion«). Ein Weniger an Verschwendung. Kurz: mehr Allmende.

Radikale Vordenker gehen sogar noch ein Stück weiter. Ihre Argumentation lautet: Um auch in Zukunft nachhaltig das Gemeinwohl aller ökologisch gewährleisten zu können, braucht es im Wesentlichen langfristig das Ende des Kapitalismus – zumindest in seiner jetzigen Art und Weise. Wie Ulrike Herrmann in ihrem gleichnamigen Buch eindrücklich beschreibt, ist die Idee permanenten Wachstums und Konsums schlichtweg unvereinbar mit einer nachhaltigen Lebensweise. Wir müssen uns verabschieden vom kapitalistischen Wachstumskreislauf heutiger Form, der eben nicht kollektive Freiheit zur Folge hat, sondern eine permanent zunehmende Erdüberlastung und existenzielle Bedrohung. Was Herrmann stattdessen vorschlägt, ist kein Ökosozialismus, sondern eine Gesellschaftsordnung, die auf einem grünen Schrumpfen, einem Zurückfahren von Wirtschaft und Konsum um 30 bis 50 Prozent basiert und sich im Wesentlichen am Konsumniveau der späten 1970er-Jahre orientiert.[136] Nur noch das zu verbrauchen, was wir auch recyceln können, ist einer der Vorschläge Herrmanns.

OHNE VERZICHT GEHT'S NICHT

Eine weitere bittere Pille: Freiheit ohne Verzicht wird es nicht geben. So arbeitet Ulrike Herrmann nachvollziehbar heraus, dass die Bewältigung der Klimakrise mit drastischen Maßnahmen einhergeht, zum Beispiel einem Ende des individuellen Flugverkehrs. Dass jeder nach Lust und Laune – und so oft, wie der Geldbeutel es hergibt – um den Globus fliegt, kann es in einer nachhaltigen Weltwirtschaft nicht geben. Der Flugverkehr frisst schlichtweg zu viel Energie und verschmutzt zugleich zu viel Umwelt. Die Bequemlichkeit einiger weniger Privilegierter bedingt eine reduzierte Lebensqualität aller. Dies ist in vielen Lebensbereichen so.

Um die Klimakrise in den Griff zu bekommen, müssen wir, so Herrmann, auf eine Krisenwirtschaft umstellen, die zum Beispiel vergleichbar ist mit der britischen Kriegswirtschaft ab 1939.[137] Die britische Gesellschaft war damals eine freie, demokratische Gesellschaft, jedoch vereint durch eine gemeinsame kollektive Kraftanstrengung und mit einem klaren Ziel vor Augen. Nicht luxuriöse Annehmlichkeiten und individuelle Genussfreiheiten standen im Vordergrund, sondern ein gemeinsamer Durchhaltewille und das Vertrauen auf eine bessere, auf lange Sicht auch wieder freiere Zukunft.

Ich stimme Herrmann zu, wenn sie festhält, dass diese radikale Umstellung unserer Gesellschaft mit reiner Eigenverantwortlichkeit nicht zu machen sein wird. In einer Gesellschaft, in der schon der bloße Vorschlag fleischfreier Tage in einer Mensa oder Kita zum kollektiven Aufschrei führt, braucht es klare Regeln und ja, durchaus auch Verbote. Nur mit Initiative und Freiwilligkeit sind größere Änderungen offenbar nicht zu realisieren. »Leider wird es ohne Verbote nicht gehen. Unsere Lebensweise kann nur dann ökologisch sein, wenn nicht jede jederzeit unbegrenzt konsumiert. Die Analogie zum Zweiten Weltkrieg ist daher passend: Sie macht klar, dass es Opfer kostet, eine ökologische Kreislaufwirtschaft aufzubauen. Nur Verzicht sichert das Überleben – wie im Krieg.«[138]

Was dem Liberalen undenkbare Verbote sind, sind dem Ökorealisten nötige Schritte. Vor allem: Schritte, die so oder so jetzt schon gemacht werden, nach und nach. So heißt beispielsweise eine Gesellschaft, die Inlandsflüge verbietet, nicht »Ökodiktatur«, sondern »Frankreich«. Dort werden Airlines angehalten, inländische Strecken zu streichen, sofern es schnelle Alternativen mit der Bahn gibt. Mal eben von Paris bis Bordeaux mit dem Flieger – das ist passé. »Frankreich ist mit dieser Maßnahme, die aus der Klimakonvention der Bürger resultiert, ein Vorreiter«, sagt der französische Verkehrsminister Clément Beaune.[139]

Ohne Verbote geht es schlichtweg nicht, weil Eigenverantwortung und ein bloßes Appellieren an mehr Klima-

Bewusstsein nicht ausreichen. Wie die Einkaufswagen, die man wohl oder übel anketten muss, braucht es gemeinwohlfördernde Regeln und Verbote dort, wo Eigenverantwortung versagt. Es ist Aufgabe guter, nachhaltiger Politik, dem Bürger zu erklären, wo Verhaltensänderungen nötig sind, um unser gemeinsames Überleben zu sichern. Sosehr es dem autonomistisch-liberalen Denken widerstrebt, die Wahrheit ist: keine Freiheit ohne Verbote, keine Zukunft ohne Verzicht. Ähnlich, wie wir Rauchverbote gegen den Willen vieler etabliert haben, um einen kollektiven Schaden zu verhindern, müssen wir klimaschädliches Verhalten maximal einhegen, auch gegen Widerstand, auch unter Protest. Das Motto muss lauten: Langstreckenethik statt Langstreckenflügen.

Dass dies nicht allen gefällt, ist klar. Einige Liberale wittern hier gar die große Verschwörung. So schreibt Ulf Poschardt: »wird einfach super, wenn das juste milieu irgendwann so richtig an die macht kommt. corona & klima sind übungen um zu sehen wie weit man die idee des ausnahmezustands strapazieren kann. und wie weit man mit der delegitimierung andersdenkender gehen kann.«[140] Corona und Klima als Ausreden zum maximalen Umbau der Gesellschaft? In Wahrheit wollen Klimaschützer einen grünen Umbau der Gesellschaft, um endlich ihr diktatorisches Potenzial auszuleben? Auch Männern wie Ulf Poschardt muss man, ähnlich wie CDU-Mann Wegner, sagen: Der jetzige Zustand der Welt ist das Problem. Woran wir, im Gegensatz zu euch, arbeiten, ist eine Lösung. Und die einzige Diffamierung, die stattfindet, ist die jener, die sich aktiv für Lösungen und Änderungen einsetzen.

Wer radikale Änderungen unserer Lebensweise fordert,

will sie nicht aus Genuss am Ausnahmezustand, nicht aus Spaß an Verbotsfetisch und politischem BDSM, und nicht aus Feindschaft gegenüber den Grundrechten, sondern aus reinem Interesse an einer lebenswerten Umwelt. Klima-Maßnahmen – inklusive Verzicht und Verbot – sind nichts anderes als die praktische Umsetzung des ökologischen Imperativs von Hans Jonas. Ein notwendiges Übel.

Dass ein Übel, sei es auch notwendig, nicht durchweg Spaß macht, ist doch allen klar, auch mir und anderen Verfechtern radikaler gesellschaftlicher Einschnitte und Veränderungen. Was uns von jenen unterscheidet, die hinter allem eine böse, antiliberale Verschwörung vermuten, ist die bloße Einsicht in die Alternativlosigkeit radikaler Verhaltensänderungen. Ein »Weiter so!« kann es nicht geben, weil wir erst durch ein konsequentes Ignorieren von Klima- und Konsum-Realitäten in diese Situation gekommen sind. Des einen Freiheit ist des anderen Gift. Immer mehr Menschen haben es satt, an den Abgasen der Tempolimitgegner zu schnüffeln. Viele wollen nicht nur Veränderung, sondern wissen auch genau, warum sie dies wollen. Dies anzuerkennen, ist der erste notwendige Schritt zur Besserung. Wer hier schon leugnet, ist Teil des Problems und keinesfalls Teil der Lösung.

Dass diese Sichtweise nicht allen gefällt, allen voran nicht den Sportwagen- und Ferienhausbesitzern, ist schon klar. So passt es durchaus ins Bild, dass Poschardts Tweet am selben Tag geschrieben wurde wie ein Tweet von Elon Musk, in welchem Musk einen angeblichen »woke mind virus« verantwortlich machte für einen »gesellschaftlichen Selbstmord«.[141] Die stupide Logik: Alles, was ich nicht mag, ist links, blöd und »woke«. Das immer gleiche Mantra der libertären Freiheitsschwurbler.

Es ist um ein Vielfaches einfacher, den Boten einer Nachricht zu erschießen, als die Nachricht ernst zu nehmen. Das libertäre Narrativ bröckelt unter berechtigter Kritik – und deshalb blasen sie zum Gegenangriff. Autonomisten schimpfen lieber auf Grüne, Klima-Aktivisten und überhaupt alle Verfechter einer Reformation unseres Gesellschaftssystems, anstatt fundamentale Veränderungen anzugehen. Weil es ja das jetzige Gesellschaftssystem ist, von dem sie profitieren. Sie sind die Nutznießer des Status quo, oder, um an obige ethische Gemeinwohlüberlegungen anzuknüpfen: die Trittbrettfahrer. Ihr Strampeln und Weigern und Fluchen auf eine angebliche linksgrünwoke Weltverschwörung ändert nichts an der Tatsache, dass drastische Veränderungen unseres Lebensstils notwendig sind.

Wut und Verdrängung mögen, menschlich gesehen, nachvollziehbare Reaktionen sein. Zielführend und lösungsorientiert ist die liberale Bockigkeit hingegen nicht. Aus der Sterbeforschung ist das Fünf-Phasen-Modell nach der Psychiaterin Elisabeth Kübler-Ross bekannt. Es beschreibt die stufenweise Bewältigung extrem schlechter Nachrichten. Die fünf Phasen lauten: Verleugnung, Wut, Verhandeln, Depression und Akzeptanz. Sie werden in der Regel nach und nach durchlaufen, wobei Rückschritte ebenso möglich sind wie Fortschritte. Autonomisten und Vulgärliberale bleiben in den ersten beiden Phasen des Modells stecken. Für alle anderen gilt: Es ist notwendig, schnell über die Phase der Verleugnung und der Wut hinwegzukommen. Denn dann haben wir als Gesellschaft die Chance, uns – füreinander verantwortlich und wechselseitig solidarisch – an die gemeinsamen Probleme zu wagen, die vor uns liegen.

EPILOG

KEINE INSEL

Die Freiheit des Einzelnen ist aus der Gemeinschaft abzuleiten. Freie Menschen gibt es nur in einer insgesamt freien Gesellschaft. Dass die freie Gesellschaft wiederum aus ihren Menschen besteht, ist korrekt. Die logische Beziehung ist aber: Die kollektive Freiheit bedingt die individuelle. Nicht umgekehrt. Und kollektive Freiheit gibt es definitiv auch dort, wo die Freiheit einzelner Menschen – bestenfalls situativ und temporär – eingeschränkt wird.

Freiheit beginnt also beim Wir. Und weil dies so ist, sind einige, das Individuum in seiner Handlungsfreiheit einhegende Regeln durchaus legitim – sowohl ethisch als auch politisch. Dabei muss man maßvoll vorgehen und verhältnismäßig. Doch eines ist klar: Wer die Freiheit aller herstellen und bewahren will, muss die Freiheiten einiger, zumindest stellenweise, opfern. Wer diese Tatsache skandalisiert, ist ein Freiheitspopulist. Wer sie leugnet, ist ein Freiheitsextremist.

Knifflig wird es im Detail. Was genau wann, wofür und von wem geopfert werden muss und wie freiwillig – das ist Aushandlungssache. Noch einmal: Niemand möchte eine Diktatur etablieren. Der Totalitarismus ist kein Weg, Gerechtigkeit zu schaffen. Das geht in einer freien Gesellschaft nur demokratisch. Während der Corona-Krise haben wir allerdings auch ein Deutschland gesehen, das zu harten Einschnitten fähig ist. Das Gute an unseren Grundrechten: Sie sind nicht fragil, sondern elastisch. Eine punktuelle Einschränkung überleben sie mühelos. Diese Erkenntnis sollte uns nicht beunruhigen, sondern empowern. Es geht auch anders! Die Lehre: Eine gemeinsame Kraftanstrengung ist möglich, wenn sie geboten ist.

Damit möchte ich keineswegs sagen, dass während der Pandemie alles gut ging und das Pandemie-Management tadellos war. Nicht alle harten Einschnitte waren richtig. Aber die Wahrheit lautet: Kein Management ist tadellos. Aus der Rückschau weiß man es immer besser. Welche Freiheiten wir also jetzt oder demnächst opfern müssen, welche Verhaltensweisen ändern und welche neue Normalität etablieren – das ist vorab schwer zu sagen. Fest steht aber, dass wir überhaupt etwas tun müssen, weil ein »Weiter so!«, nicht nur klimatechnisch, ein ungebremstes Rasen in Richtung Abgrund ist.

Nicht irritieren lassen dürfen wir uns also von der Unterkomplexität der Freiheitskrakeeler, die »Freiheit« sagen und tatsächlich »Ich« meinen. Wer immer nur die eigene Freiheit im Sinn hat und niemals die der anderen, kann keinen wertvollen Beitrag liefern zur gemeinsamen Gestaltung der Zukunft. Freiheit ohne Verantwortung ist des Begriffes nicht würdig. Wessen Freiheit so fragil ist, dass sie beispielsweise durch eine FFP2-Maske, eine Impfung oder durch ein Böllerverbot zerstört werden kann – dessen Freiheit war von vornherein nichts wert. Autonomisten sind an irgendeiner Stelle falsch abgebogen. Sie verwechseln Freiheit mit Ego – und Verantwortung mit Nötigung. Das ist nicht nur schade, sondern eine Mentalität, die aktiv bekämpft werden muss, weil sie kollektiven Schaden anrichtet. Stumpfer Freiheitspopulismus ist gefährlich.

Dabei sind viele Individualisierungsprozesse durchaus gewinnbringend. An sich sind individuelle Rechte wertvoll. Doch sie sind vor allem dort wertvoll, wo sie auch mit Pflichten einhergehen. Allen voran die Pflicht, nicht nur für das eigene, isolierte Wohl zu sorgen, sondern für das Wohlergehen aller. Wie dies genau geschieht, darüber müssen weitere Bücher geschrieben werden. Gemeinwohl kann vieles sein. Es wäre noch viel zu sagen über Steuergerechtigkeit, Lohngerechtigkeit, über eine Verbesserung des Gesundheitssystems, die Prävention zukünftiger Pandemien, über soziale Mobilität, Bildungsteilhabe, Partizipation, Kindergrundsicherung, Gleichstellung, Ehrenämter, Bürgerpflichten, Freiwilligen- und Zivildienste und so weiter und so fort. Über die Gerechtigkeitsthemen, die Gemeinwohlthemen, die Freiheitsthemen.

Ein praktisches Beispiel und Beweis dafür, dass Gemeinwohl auch Spaß machen kann, ist Quartiermeister. Quartiermeister ist die erste gemeinwohlbilanzierte Biermarke Deutschlands. Jenseits reiner Profitmaximierung investieren die Berliner Brauerinnen in soziale und kulturelle Projekte ihrer Region – zehn Prozent der Roherlöse werden direkt gespendet.[142] In einer am Gemeinschaftsleben ausgerichteten Gesellschaft sollten solche Marken und Projekte nicht die Ausnahme sein, sondern die Regel.

Die ökonomische Zukunft gehört nicht Wirtschaftsliberalen mit ihrem Moralvakuum und ihrem egomanen Freiheitsfetisch – sie gehört Firmen mit sozialem Bewusstsein und einem Bemühen um das langfristige Wohlergehen ihrer

Kundinnen und Arbeitnehmer. Wir brauchen nicht weniger als einen gewerblichen Systemwechsel. Weil Klimaschutz – und somit kollektive Freiheit – mehr ist als die Summe individueller Entscheidungen, werden wir von Firmen verlangen müssen, ihren strukturellen, systemischen Beitrag zur Fortexistenz der Menschheit zu leisten. Alles andere wäre eine bewusste Titanicfahrt in Richtung Eisberg. Manche fahren in der ersten Klasse, manche in der zweiten oder dritten; aber alle fahren in Richtung Eisberg. Das Motto lautet also »System change, not climate change«. Zeit, gemeinsam das Ruder rumzureißen!

Abschließend bleibt mir zu sagen: Dieses Buch ist nur ein kleiner Beitrag. Ein pro-gemeinschaftlicher Anstoß zu einer Zeit, in der egoistische Stimmen laut wurden. Eine kleine Streitschrift gegen die Egoisten dieser Welt. Ich hoffe, dass die Gedanken und Fragen, welche ich hier aufgeworfen habe, an anderer Stelle weitergedacht werden. Die Allmende, um die wir uns bemühen, ist auch eine geistige. Was wir alleine nicht schaffen – in der Gemeinschaft ist es hoffentlich möglich.

Douglas Rushkoff wurde von den superreichen Preppern gefragt, was sie denn tun könnten, um die Gunst ihrer Sicherheitsleute zu behalten, selbst in der größten Krise. Rushkoff antwortete ihnen: »Die beste Art, die zukünftige Loyalität eurer Wachen zu sichern, ist, sie schon jetzt, hier in der Gegenwart, zu behandeln wie Freunde.«[143] Die superreichen Bunker-Egoisten rollten mit den Augen. Sie hatten wohl auf eine andere Antwort gehofft. Dabei liegt in der Antwort von Rushkoff eine ganz simple, unabänderliche Wahrheit: Kein Mensch ist eine Insel.

BONUS

KONTROLLFRAGEN ZUR FREIHEIT

Das Wesen der Freiheit ist theoretisch anspruchsvoll, vielschichtig und kompliziert. Schlimmstenfalls kann das verwirren. Deshalb folgen nun ein paar praktische Kontrollfragen. Sie helfen bei der Orientierung in wichtigen Entscheidungssituationen.

1. Wem schadet es, wenn ich Regel X übertrete?
2. Welche Güter stehen in Konflikt?
3. Mache ich das jetzt einmal – oder immer?
4. Erleidet mein Beruf einen Schaden durch mein Handeln?
5. Fällt das ins Öffentliche oder ins Private?
6. Steht mir das zu?
7. Was, wenn alle X täten?
8. Wäre ich gern der andere?
9. Was ist mit den Schwächeren?
10. Ist das, was ich tue, gerecht?

1. Wem schadet es, wenn ich Regel X übertrete?

Wir haben gesehen: Zentral für die ethische Bewertung von Handlungen ist die Schadensfrage. Ob eine Handlung in Ordnung ist oder nicht, richtet sich ganz wesentlich nach ihrem Wesen und nach ihren Auswirkungen. Beides davon kann schädlich sein. Das Wie einer Handlung ist dann problematisch, wenn die Handlung selbst unter dem Verdacht steht, unmoralisch zu sein. Extrembeispiele sind sicherlich Betrug, Folter oder Mord. Dabei kommt es zunächst *nicht* auf die Konsequenzen an, sondern wir missbilligen die Handlung selbst. So mag ein Tyrannenmord ggf. gute Auswirkungen haben, dennoch ist auch ein Tyrannenmord oder eine Rettungsfolter (ein Foltern »für den guten Zweck«, wodurch weitere Menschenleben gerettet werden) moralisch höchst umstritten. Es gibt Handlungen, die wir bereits jenseits der Folgen ablehnen.

Ein Schaden kann, neben dem Wie einer Handlung, auch in der Handlungsfolge eintreten. Oft schauen wir auf die Ebene der Konsequenz. Das Schadensvermeidungsprinzip leitet uns auch hier an, einen Schaden zu vermeiden, so gut es eben geht. Absolute Schadensvermeidung gibt es nicht. Dennoch lautet Kontrollfrage Nummer eins: Wem schadet das, was ich tue? Eine wichtige Faustregel: Meine Freiheit endet dort, wo vermeidbarer Schaden entsteht.

2. Welche Güter stehen in Konflikt?

Freiheitskonflikte sind Güterkonflikte. Nehmen wir das Beispiel Tempolimit. Die Güter, die im Konflikt stehen, sind das schnelle Vorankommen und die Lust am schnellen Autofahren einerseits; andererseits bilanzieren wir die erhöhte Unfallgefahr und die Mehrbelastung fürs Klima, die durch einen höheren Kraftstoffverbrauch entsteht. Beim Silvesterböllern ist es der Spaß am Hantieren mit Feuerwerk, der diversen Negativaspekten gegenübersteht (darunter Brandgefahr, Verletzungsgefahr, Klima-Belastung, Tierleid usw.).

Erst durchs Identifizieren der Konfliktgüter verstehen wir, worum es wirklich geht.

Nicht immer fällt es uns allerdings leicht, auf Anhieb die in Konflikt stehenden Güter zu identifizieren. Oft sehen wir sie erst auf den zweiten Blick. Welche Güter sinnbildlich auf der Waagschale liegen, verstehen wir dann besonders gut, wenn wir die Perspektive wechseln und die Interessen aller Beteiligten berücksichtigen. Am leichtesten fällt uns dies, wenn wir beide Seiten aus eigener Erfahrung kennen. Beim Böllern zum Beispiel fällt mir persönlich das Nachvollziehen sehr leicht: Ich habe jahrelang sehr viel und sehr gerne zum Jahreswechsel mit Raketen hantiert. Obwohl ich mir mittlerweile lieber ein teures Abendessen gönne anstatt fünfzig Euro zu verböllern, habe ich eine genaue Vorstellung davon, was die andere Seite macht. Ich kann mich mühelos in beide Seiten hineinversetzen.

Manchmal erfordert die Güterabwägung allerdings etwas mehr Phantasie. Die Belastung einer ungewollten Schwangerschaft wird für mich als Mann lebenslang eine Sache kreativer Vorstellung bleiben müssen – ich werde es nie selbst erleben. Nichtsdestoweniger verstehe ich, was es bedeutet, indem ich es von jenen erfahre, die es betrifft. Indem ich zuhöre, mitdenke, meine Sichtweise zugunsten anderer Sichtweisen verlasse. Zentrale, die eigene Freiheit in einen Verantwortungskontext einbettende Fragen lauten also: Welche Güter kollidieren? Wer hat welche Interessen? Was liegt auf der Waagschale? Was ist die Anatomie des Konflikts?

3. Mache ich das jetzt einmal – oder immer?

Bewerten wir eine Handlung nach ihrem ethischen Wert und ordnen sie ins Spektrum individueller Freiheitsräume ein, stellt sich die Frage: Ausnahme oder Regel? Es macht einen Unterschied, ob wir in Handlung X den Ausdruck einer persönlichen Grundsatzentscheidung sehen oder eine einmalige Ausnahme. Ein »Ausrutscher« ist eher verzeihlich als volle, programmatische Absicht. Wer zu schnell Auto fährt, weil er einen Freund in einer medizinischen Notlage ins Krankenhaus bringt – einmalige Sache. Notfall. Entschuldbar. Aber grundsätzliches Rasen? Verantwortungslos. Unnötige Gefährdung. Ein weiteres Beispiel: Maskenverweigerer während der Pandemie. Manche Menschen gingen grundsätzlich ohne Maske in den Supermarkt oder fuhren demonstrativ, geradezu stolz maskenlos mit dem öffentlichen Nahverkehr. Wenn man sie auf ihr Fehlverhalten hinwies, wurden sie aggressiv, pöbelten herum. Grund des Fehlverhaltens waren zwar oft Desinformation und Verschwörungstheorien. Aber dennoch: Es macht einen Unterschied, ob jemand immer und aus Prinzip so handelt, wie er oder sie handelt – oder einmalig fahrlässig.

4. Erleidet mein Beruf einen Schaden durch mein Handeln?

Nicht alles ist privat, manches ist Beruf. Mit der eigenen Berufsausübung verbunden sind grundsätzliche Fragen der Berufsethik und den Grenzen beruflicher Freiheit. Insbesondere Berufe mit einer hohen gesellschaftlichen Relevanz, wie Medizinerinnen, Polizisten oder Pädagoginnen, sollten darauf achten, den gesellschaftlichen sowie berufsethischen Normvorstellungen zu entsprechen. Sonst schadet man durch seine Verfehlung nicht nur sich und seiner persönlichen Karriere, sondern dem ganzen Berufsstand. So ist ein Vorwurf des institutionellen Rassismus gegenüber Polizistinnen berechtigt, solange immer wieder neue rechte Chatgruppen auftauchen, *Racial Profiling* – also ein verdachtsunabhängiges, diskriminierendes Kontrollieren auf Grundlage des Äußeren einer Person – stattfindet, oder sobald es gegenüber migrantischen Bürgerinnen zu sonstigem Fehlverhalten kommt. Verwerflich und jenseits beruflicher Freiheit und Verantwortung handelten zum Beispiel jene Ärzte, die – in einigen Fällen tausendfach – während der Pandemie absichtlich falsche Maskenatteste ausstellten.[144] Einzelne »schwarze Schafe« können ganze Berufsgruppen diskreditieren. So warfen die »Maskendeals« einiger weniger aus der politischen und wirtschaftlichen Elite ein schlechtes Licht auf alle.

Grundsätzlich gilt jedoch das Freiheitsprinzip. Es liegt zunächst an jedem selbst, zu entscheiden, ob die eigenen Handlungen noch innerhalb der beruflichen Normvorgaben liegen und ab wann man zu einem Negativbeispiel des Berufsstandes wird. Wo diese eigenverantwortlichen, persönlichen Kontrollmechanismen versagen, liegt es an den Kollegen sowie an der Gesellschaft als Ganzer diejenigen, die außerhalb beruflicher Anstandsgrenzen handeln, zurechtzuweisen. Bei Straftaten ermittelt die Justiz. Die zentralen Fragen sind also: Wirft mein Tun ein schlechtes Licht auf meine Kolleginnen? Falls ja, wieso? Wie geht es besser?

5. Fällt das ins Öffentliche oder Private?

Das Privatleben ist ein Schutzraum persönlicher Freiheiten. Im Gegensatz zum beruflichen oder öffentlichen Handeln ist das Privathandeln weniger Regeln unterworfen und an sich freier, selbstbestimmter. Gleichwohl sind auch Privatfreiheiten nicht grenzenlos. Wir suchen ein Gleichgewicht: Der Privatraum muss als Schutzraum erhalten bleiben; er ist jedoch kein liberales Totschlagargument. Wie wir gesehen haben, entbindet die Tatsache, dass etwas privat stattfindet, keineswegs von jeglicher Verantwortung. Silvesterknallerei, Duschdebatte, Stromverbrauch, Konsum- und Umweltverantwortung, Schwangerschaftsabbruch, privates Autofahren usw. – all dies sind Musterbeispiele, in denen das private Handeln zugleich eine gesellschaftliche Relevanz hat. Das Private ist oft genug politisch. Ich argumentiere deswegen gegen liberale Verinselung. Sie ist ein Beleg für das autonomistische Missverständnis. Wir sind eine Gemeinschaft, ob wir wollen oder nicht.

Was folgt daraus? Die Aufgabe von Privaträumen? Ein Leben komplett im Kollektiv? Diktatur der Mehrheit? Keineswegs. Die soziale Welt ist nicht binär. Es ist möglich, das Privatleben im 21. Jahrhundert so zu denken, dass Privates privat bleibt und zugleich der private Rückzugsraum nicht von jeglicher sozialer Handlungsverantwortung entbindet. Es ist angesichts der Klimakrise sogar überlebenswichtig, dass wir alle auch im nicht-öffentlichen Teil unseres Lebens so handeln, dass Raum für andere bleibt; dass Ressourcen auch anderen zur Verfügung stehen; dass nicht jeder für sich über seine Verhältnisse lebt und somit wir alle, summiert, als Gemeinschaft. Wo mein Privatleben zu sehr – und vor allem: von anderen ungewollt – in die Leben meiner Mitmenschen hinüberschwappt, gebietet es der Anstand, die eigene Freiheit zurückzufahren.

6. Steht mir das zu?

Die Frage, was einem zusteht und was nicht, ist die Kernfrage der Gerechtigkeit. Als solche ist sie notorisch ungelöst oder jedenfalls nicht von allen gleichermaßen gedacht. Sie kann sich also auf Diverses beziehen. »Das« kann eine Ressource sein. Eine Ressource, die uns allen zusteht und die andere vielleicht sogar nötiger brauchen. Hier bewegen wir uns auf dem Gebiet der Gemeingüter und der Allmende. Zugang und Nutzung von Wasser, Energie, (Wohn-)Raum usw. müssen so geregelt sein, dass möglichst viele Menschen – unabhängig von ihrem Einkommen – Zugang zu jenen Gütern haben, die ein menschenwürdiges Leben ausmachen.

Abgesehen von materiellen Gütern, kann die Frage danach, was wem zusteht, auch handlungstheoretisch interpretiert werden. »Steht mir das zu?« heißt dann: Darf ich es? Soll ich das? In dieser Interpretation ist sie Kernbestandteil der Ethik und betrifft unser moralisches Miteinander. Was uns ethisch-moralisch zusteht und was nicht, hängt eng mit der Frage zusammen, wer wir als Gesellschaft sein wollen, als Menschen. Sie hat also eine kollektiv-gemeinschaftliche Komponente ebenso wie eine individuelle Komponente, bei der wir uns jeder für sich fragen, ob das, was wir tun oder tun wollen, in dieser Form noch okay ist oder nicht. Am besten halten wir uns hier an die Nikomachische Ethik des Aristoteles: Lege dir Prinzipien zu. Arbeite an deinem Charakter. Das richtige, gerechte Handeln der goldenen Mitte ist Übungssache.

7. Was, wenn alle X täten?

Der Individualist verhält sich, als wäre er allein auf der Welt. Oder zumindest ist er meist sich selbst am nächsten. Die eigene Autonomie wird ins Unermessliche maximiert. Die fundamentale Korrektur, die wir dieser Sichtweise unterziehen müssen, lautet: Sie ist falsch. Du bist einer von vielen, und deine Freiheit steht in keiner Weise über der Freiheit der anderen. Zwar stimmt die individuell-subjektive Wahrnehmungsperspektive: Die eigene Brille kommt uns deswegen besonders nah und vertraut vor, weil wir diejenigen sind, die sie tragen. Du bist du – und nur du.

Fakt ist aber zugleich: Wir leben gemeinsam mit Milliarden anderen Menschen auf dem Planeten; Menschen, die ebenso wie wir Wünsche, Rechte, Ansprüche, Absichten usw. haben, die vielfach kollidieren. Individuelles Hilfsmittel für ein reibungsfreieres soziales Miteinander sollte also die Frage sein: »Lässt sich das, was ich tue, verallgemeinern?« Das ist der ethische Stresstest, den schon Immanuel Kant mit seinem kategorischen Imperativ unseren Maximen unterzieht. Ist Maxime X logisch verallgemeinerbar? Oder, etwas profaner formuliert als goldene Regel: »Was du nicht willst, das man dir tu', das füg auch keinem andern zu.« Was, wenn alle mit dem Auto rasten? Was, wenn jeder von uns ein bisschen Steuern hinterziehen würde? Was, wenn plötzlich alle mit dem Hamstern anfangen, sei es Toilettenpapier oder Medikamente? Was, wenn nicht nur ich unseren Planeten zumülle, sondern wir alle? Der ethische Grundsatz wechselseitig akzeptabler Maximen und Handlungsweisen leitet bestenfalls handlungspraktische Überlegungen an, die uns zurückschrecken lassen, bevor wir etwas Dummes oder Rücksichtsloses tun.

8. Wäre ich gern der andere?

Eng verbunden mit dem kategorischen Imperativ und der goldenen Regel ist die Methode des Perspektivwechsels. Sich vor einer Handlung – oder in der anschließenden Handlungsbewertung – in die Lage des anderen zu versetzen, hilft uns, die theoretische Erkenntnis, nicht allein auf der Welt zu sein, mit Leben zu füllen. Das muss nicht allein auf der Ebene kognitiver Überlegung bleiben. Wir können – und sollten – unsere Mitmenschen fragen, wie sie sich gefühlt haben, als X passiert ist oder wir Y getan haben. So gewinnen wir einen Eindruck davon, was es bedeutet, jemand anderes zu sein. Tatsache ist nämlich, dass doch jeder von uns sehr in der eigenen Haut steckt. Die eigene Perspektive ist auf vertraute Weise stets die dominante. Wir müssen aktiv dagegen ankämpfen, unsere Sicht auf Situationen, Lebenswirklichkeit und Alltag als die einzig gültige, die letztlich wahre anzuerkennen. Denn auch hier gilt: Sie ist bloß eine Perspektive von vielen. Vor allem die Perspektive der Schwachen und Benachteiligten ist ein wichtiges Korrektiv für die eigene, oft privilegierte Sichtweise. Indem wir uns anstrengen, aktiv die Blickrichtung anderer einzunehmen, übersteigen wir schließlich die oft egoistische Ich-Perspektive zugunsten einer gemeinschaftlicheren Wir-Perspektive, bei der *auch ich* eine Rolle spiele, aber eben nicht als Einziger, sondern als Mitglied einer Solidargemeinschaft.

9. Was ist mit den Schwächeren?

Der US-amerikanische Philosoph John Rawls (1921–2002) schlägt ein Gedankenexperiment vor. Es heißt »Schleier des Nichtwissens«. Es ist zentraler Bestandteil seiner Gerechtigkeitstheorie, und es geht wie folgt: Stellen wir uns einen fiktiven Urzustand vor. In diesem Urzustand gibt es Menschen, die gemeinsam überlegen, wie eine gerechte Gesellschaft aussehen soll. Allerdings: In dieser fiktiven Entscheidungssituation haben die Menschen weder Geschlecht noch Hautfarbe, kein Alter und keine Herkunft, sind weder arm noch reich. Noch sind sie alle komplett gleich. Der Schleier des Nichtwissens besteht darin, dass sie eine Gesellschaftsordnung verhandeln, ohne dabei zu wissen, wer sie selbst später in der echten Welt sein werden. Ob Mann oder Frau, ob schön, intelligent, mit reichen Eltern, Geflüchteter, Deutscher oder Kenianerin usw.

Da die Menschen in diesem vorgesellschaftlichen Zustand alle gleich sind, und durch ihre Gleichheit noch keine gegeneinander gerichteten Interessen haben, werden sie einen möglichst gerechten Gesellschaftsvertrag aushandeln, so Rawls. Nun ist der Schleier des Nichtwissens »nur« ein Argument. Wir werden niemals, herkunftslos und uniform, eine Gesellschaft der Zukunft auf dem Reißbrett entwerfen. Trotzdem gibt uns Rawls einen guten Gedanken an die Hand. Wie wäre es, jemand anderes zu sein? Jemand, der gesellschaftlich schlechter gestellt ist als ich jetzt? Es ist zum Beispiel leicht und bequem, Frauenquoten zu belächeln – aber nur, solange man ein Mann ist. Hilfestellungen, die ich nicht brauche, lassen sich leicht verspotten. Wenn mir alle Türen offen stehen, brauche ich keinen Türöffner.

Wenngleich es unmöglich ist, unseren subjektiven Blick zu einhundert Prozent zu verlassen zugunsten einer gerechten Überparteilichkeit, sollte uns, auf der Suche nach den Grenzen der Individualfreiheit, durchaus der Gedanke bewegen, was es heißt, jemand anderes zu sein. Wie fühlt sich wohl das Krankenhauspersonal in einer Gesellschaft, die selbst während einer Pandemie noch auf Risiko setzt? Wo man auf die Balkone gegangen ist, um ein bisschen Beifall zu klatschen, anstatt Leistungen angemessen langfristig und würdig zu bezahlen? Wie war es, Sänger zu sein während des Lockdowns? Hotelbetreiber? Wie war der ewige Distanzunterricht für Schülerinnen? Was bedeutet es, als Kind einer migrantischen Familie in Berlin geboren zu sein und öfter von der Polizei kontrolliert zu werden als Tobias oder Manuel? Was geht jenem durch den Kopf, der sich nach der Covid-Infektion nicht ganz berappelt hat und gleichzeitig erzählt bekommt, seine bleibenden Symptome seien Einbildung? Eine achtsame Grenzziehung der eigenen Handlungsfreiheit findet dort statt, wo die eigenen Handlungen und die gesellschaftlich angestrebten Regeln die Lage jener verbessern, denen es schlechter geht, anders geht, die benachteiligter sind, die ihre eigene Freiheit nicht ausreichend ausleben können, weil sie ein Dritter unterdrückt.

10. Ist das, was ich tue, gerecht?

Zugegeben: Diese Kontrollfrage ist keine leichte. Das Problem der Gerechtigkeit beschäftigt die Menschheit mindestens seit der Antike. Und wenn man auf der Straße oder auch nur innerhalb des eigenen Freundeskreises nachfragt, was Menschen unter Gerechtigkeit verstehen, kommt es zu allerlei unterschiedlichen Antworten. Schnell wird es hitzig, fragt man nach der Gerechtigkeit konkreter Zustände oder Regelungen. Sind die Migrationsgesetze gerecht? Braucht es eine Reichensteuer? Ist so etwas wie Klima-Gerechtigkeit in Sicht? Generationsgerechtigkeit? Ist jeder seines Glückes Schmied? Und das Bürgergeld: zu hoch oder zu niedrig? Die Frage nach dem perfekten Ausgleich droht schnell ins Emotionale zu kippen; ein sicheres Zeichen dafür, dass das Thema uns tangiert. Bei aller Schwierigkeit der abstrakten Bestimmung des Wesens der Gerechtigkeit und bei allem tatsächlichen Streit, in den wir regelmäßig geraten: Wir kommen nicht um die Idee einer ethischen Balancierung von Ansprüchen herum. Wir brauchen einen Freiheitsbegriff, der für das 21. Jahrhundert tragfähig bleibt und darüber hinaus eine Brücke zum Gerechtigkeitsbegriff schlägt. Wir dürfen nicht zynisch werden und die Vorstellung der Gerechtigkeit als frommen, ohnehin nicht realisierbaren Wunsch abtun. Wer so denkt, kann das Projekt »Freiheit«, das Projekt »Gesellschaft« gleich beerdigen. Das bedeutet keineswegs, dass wir mit ein wenig Nachdenken und ein wenig Ausgleich irgendwann demnächst in einem himmlischen Zustand utopischer Harmonie landen werden. Auch das wird nicht passieren. Allerdings steht eines fest: Bei allem Dissens ist Gerechtigkeit ein menschliches Grundbedürfnis. Wie der Wunsch, frei und selbstbestimmt zu sein, steckt das Verlangen nach einem gerechten Ausgleich und gerechten Zuständen tief in uns. Um es auf wenige Worte zu bringen: keine Freiheit ohne Gerechtigkeit.

LITERATUR

Amlinger, Carolin und Nachtwey, Oliver (2022): *Gekränkte Freiheit. Aspekte des libertären Autoritarismus.* Berlin: Suhrkamp.

Bayertz, Kurt (2004): *Warum überhaupt moralisch sein?* München: C.H.Beck.

Bendel, Klaus (2015): *Soziologie für die Soziale Arbeit. Studienkurs Soziale Arbeit.* Baden-Baden: Nomos.

Bregman, Rutger (2017): *Utopien für Realisten.* Hamburg: Rowohlt.

Descartes, René (1993) [1641]: *Meditationen über die Grundlagen der Philosophie.* Hamburg: Felix Meiner Verlag.

Dupré, Ben (2010): *50 Schlüsselideen Philosophie.* Heidelberg: Spektrum Verlag.

Herrmann, Ulrike (2022): *Das Ende des Kapitalismus. Warum Wachstum und Klimaschutz nicht vereinbar sind – und wie wir in Zukunft leben werden.* Köln: Kiepenheuer & Witsch.

Hübner, Dietmar (2018): *Einführung in die philosophische Ethik.* Stuttgart: UTB.

Jonas, Hans (2017) [1979]: *Das Prinzip Verantwortung.* Frankfurt a. M.: Suhrkamp.

Kant, Immanuel (1785): *Grundlegung zur Metaphysik der Sitten.* Riga: Johann Friedrich Harknoch. Online abrufbar unter: https://www.projekt-gutenberg.org/kant/sitte/titlepage.html.

Kessler, Thomas und Fritsche, Immo (2018): *Sozialpsychologie.* Wiesbaden: Springer.

Mill, John Stuart (1988) [1859]: *Über die Freiheit.* Ditzingen: Reclam.

Möller, Christoph (2020): *Freiheitsgrade.* Berlin: Suhrkamp.

Pauen, Michael und Welzer, Harald (2015): *Autonomie. Eine Verteidigung.* Frankfurt a. M.: S. Fischer.

Reuter, Ingo (2018): *»The Walking Dead«: Über(-)Leben in der schlechtesten aller möglichen Welten. Interpretation einer Fernsehserie.* Würzburg: Königshausen & Neumann.

Rushkoff, Douglas (2022): *Survival of the Richest: Escape Fantasies of the Tech Billionaires*. New York: Norton & Company.

Schmid, Hans Bernhard und Schweikard, David P. (2009): *Kollektive Intentionalität. Eine Debatte über die Grundlagen des Sozialen*. Berlin: Suhrkamp.

Singer, Peter (2013): *Praktische Ethik*. Übersetzt von Oscar Bischoff, Jean-Claude Wolf, Dietrich Klose und Susanne Lenz. Ditzingen: Reclam.

Taleb, Nassim Nicholas (2008): *Der Schwarze Schwan: Die Macht höchst unwahrscheinlicher Ereignisse*. München: Carl Hanser Verlag.

ANMERKUNGEN

1 https://twitter.com/PolizeiMuenchen/status/1247410417372221440, abgerufen am 19.6.23.
2 »Ten threats to global health in 2019« (World Health Organization). Abgerufen am 28.3.23.
https://www.who.int/news-room/spotlight/ten-threats-to-global-health-in-2019.
3 Taleb, 2008.
4 Unter anderem führt das Gericht aus: »Das Grundgesetz verpflichtet unter bestimmten Voraussetzungen zur Sicherung grundrechtsgeschützter Freiheit über die Zeit und zur verhältnismäßigen Verteilung von Freiheitschancen über die Generationen. Subjektivrechtlich schützen die Grundrechte als intertemporale Freiheitssicherung vor einer einseitigen Verlagerung der durch Art. 20 a GG aufgegebenen Treibhausgasminderungslast in die Zukunft. Auch der objektivrechtliche Schutzauftrag des Art. 20 a GG schließt die Notwendigkeit ein, mit den natürlichen Lebensgrundlagen so sorgsam umzugehen und sie der Nachwelt in solchem Zustand zu hinterlassen, dass nachfolgende Generationen diese nicht nur um den Preis radikaler eigener Enthaltsamkeit weiter bewahren könnten.« Der gesamte Text ist nachzulesen unter »Leitsätze zum Beschluss des Ersten Senats vom 24. März 2021« (Bundesverfassungsgericht). Abgerufen am 29.3.23.
https://www.bundesverfassungsgericht.de/SharedDocs/Entscheidungen/DE/2021/03/rs20210324_1bvr265618.html.
5 Jonas, 2017.
6 Angemessen kurios zusammengefasst von der Oldenburger Onlinezeitung unter dem Titel »Kubicki will lange duschen«. Abgerufen am 29.3.23.
https://www.oldenburger-onlinezeitung.de/nachrichten/kubicki-will-lange-duschen-87535.html.

7 »Helmut Markworts Tagebuch. Habeck will jetzt, dass die Deutschen Energie sparen: Warum ich da nicht mitmache« (Helmut Markwort), Focus. Abgerufen am 29.3.23.
https://www.focus.de/politik/meinung/helmut-markworts-tagebuch-habeck-will-dass-die-deutschen-energie-sparen-deshalb-mache-ich-dabei-nicht-mit_id_107972351.html.

8 »Duschen ist die neue Freiheit!« (Bild). Abgerufen am 29.3.23.
https://www.bild.de/bild-plus/video/clip/video/nena-schink-duschen-ist-die-neue-freiheit-80543724.bild.html.

9 Erkennbar missverstanden hat auch manch Konservativer die Funktion einer Schutzmaske. Alex Castellanos, US-republikanischer Berater und Aktivist, verglich die Corona-Maske mit einem Symbol der religiösen Zugehörigkeit. Ähnlich wie viele Querdenker hierzulande sagte er in völliger Verkennung der Tatsachen: »Christen tragen Kreuze, Muslime ein Kopftuch, und Mitglieder der Kirche der Wissenschaft verbeugen sich zu den Daten-Göttern, indem sie eine Maske als ihr Symbol tragen, und sie weisen sich so als Elite aus; als klüger, rationaler und moralisch überlegener als die anderen«. Während der letzte Teil stimmt (sich zu schützen, wo es sinnvoll ist, ist klug und rational), strotzt das Zitat nur so vor Naivität, Abneigung und Missverständnissen. Während religiöse Symbole zweifelsfrei eine soziale Bindungsfunktion haben (»Ich gehöre zur selben Gruppe!«; »Ich bin so wie du!«; »Ich teile deine Werte!«), sind Schutzmasken primär Gegenstände mit nachgewiesener praktisch-materieller Wirkweise. Ein Vergleich: Mitglieder eines Spezialeinsatzkommandos (SEK) tragen Maschinengewehr und schusssichere Weste beim Einnehmen eines Gebäudes nicht primär, um zu zeigen, »Ich bin beim Spezialeinsatzkommando«. Sie haben Waffe und Weste, um sich zu schützen. Es sind funktionale Gegenstände – mit einer faktischen, übersymbolischen Wirkung. Das unterscheidet sie von religiösen Statuszeichen mit ihrer primär immateriellen Funktion. Wer diesen Unterschied nicht sieht, hat sowohl ein falsches Bild von Religion als auch von Wissenschaft. Die alternative Deutung: Es geht um Diffamierung. Anders kann man sich solchen Unsinn kaum erklären. Abgerufen am 19.6.23.
https://twitter.com/hiattb/status/1278099155676811266.

10 Ressourcen wie Wasser teilen die Eigenschaft, scheinbar endlos vorhanden zu sein, während sie keineswegs endlos, sondern vielmehr

»in für das Individuum schwer überschaubarer Menge« vorhanden sind. Heißt: Es gibt definitiv genug für mich und jetzt, aber keineswegs genug für alle und immer. Es ist ein bekanntes zivilisatorisches Problem, dass der Fischer sich erst für die Überfischung bestimmter Gewässer interessiert, sobald *sein* Netz leerer wird. Die Jäger vergangener Jahrhunderte konnten sich schlichtweg kaum vorstellen, dass man Tierarten durch Jagd *ausrotten* kann. Und dann ist da der Wald, den der Mensch vor lauter gerodeter Bäume nicht mehr sieht. Zurück zur Habeck-Kubicki-Duschdebatte: In Zeiten der Gas-, Strom- und Klimakrise ist warmes Wasser also ein Gut, dessen Hervorbringung etwas kostet, sowohl Arbeit als auch Energie. Das mag sich in einer fernen, fernen Utopie, in der es 100 Prozent erneuerbare Energien gibt, vielleicht ändern. Aber da sind wir noch nicht. Sich also mit breiter Kubicki-Brust hinzustellen und zu verkünden: »Ich nehme mir so viel davon, wie ich halt will«, ist somit eben *kein* Ausdruck mehr von Souveränität und *kein* Ausdruck liberaler Privatautonomie. Es ist trotziger Egoismus, auf Kosten des Gemeinwohls. Toxische Freiheit.

11 »Anzahl der Einpersonenhaushalte in Deutschland von 1991 bis 2022« (Statista). Abgerufen am 29.3.23. https://de.statista.com/statistik/daten/studie/156951/umfrage/anzahl-der-einpersonenhaushalte-in-deutschland-seit-1991/.

12 »30 Jahre UN-Kinderrechtskonvention. Kindersterblichkeit geht weltweit zurück« (Statista). Abgerufen am 29.3.23. https://de.statista.com/infografik/2979/entwicklung-der-kindersterblichkeit-weltweit/.

13 Descartes, 1993, S. 21–22.

14 Ebd., S. 25.

15 Bendel, 2015, S. 98.

16 Bregman, 2017, S. 10.

17 Mill, 1988, S. 16 f.

18 Die Überfälligkeit und Legitimität gesellschaftlicher Umverteilungsprozesse, gerade was das Eigentum angeht, würden FDPler natürlich unter Verweis auf den neoliberalen Leistungsmythos bestreiten. Der Hardcore-Liberale sieht viele Eingriffe, die ich im Gemeinwohlkontext als ethisch legitime, prosoziale Eingriffe beschreibe, als Übergriffe bzw. als staatlichen Paternalismus an. In der ethischen wie politischen Streitfrage, was ein *legitimer Eingriff* und was ein

illegitimer *Übergriff* ist, trennen sich also viele Wege. Ich jedenfalls argumentiere für ein verteilungsgerechtes Portionieren des gesellschaftlichen Kuchens. Und dies ist in Gesellschaften wie der deutschen, in der eine kleine Minderheit von 10 Prozent der Bevölkerung über 50 Prozent des Gesamtvermögens besitzt (und von Generation zu Generation vererbt), schlichtweg bisher nicht gegeben. Was soziale Mobilität angeht – also die Möglichkeit, aufzusteigen –, macht Deutschland nach wie vor keine sehr gute Figur. Wer unter benachteiligten Voraussetzungen startet, muss ein Vielfaches an Leistung und Anstrengung aufbringen, um mit jenen, deren Weg nach oben oft schon von Geburt an ein kurzer war, gleichzuziehen. Das Missverhältnis sozial ungleich verteilter Güter und die Reproduktion dieser ungleichen Zustände ist sogar manchem Superreichen bewusst. Selbst Multimilliardär Warren Buffett beklagte sich, er zahle – als einer der reichsten Menschen der Welt –, was das Einkommen angeht, effektiv niedrigere Steuersätze als seine Sekretärin. Lobend muss man auch die von Warren Buffett und Bill Gates ins Leben gerufene Bewegung »The Giving Pledge« erwähnen. Dieses »Versprechen zu geben« ist eine philanthropische Bewegung, der sich viele weitere superreiche Menschen angeschlossen haben. Sie alle verpflichten sich, einen Großteil ihres Vermögens für gemeinnützige Zwecke abzugeben. Wie bei allen Versprechen bleibt abzuwarten, ob bzw. inwiefern dieses Versprechen eingehalten wird.
»A Commitment to Philanthropy. The Giving Pledge is a promise by the world's wealthiest individuals and families to dedicate the majority of their wealth to charitable causes.« (The Giving Pledge). https://givingpledge.org/. Abgerufen am 29.3.23.
Zum Thema »Soziale Mobilität« siehe (Bundeszentrale für politische Bildung): https://www.bpb.de/kurz-knapp/zahlen-und-fakten/datenreport-2021/sozialstruktur-und-soziale-lagen/330070/soziale-mobilitaet/. Abgerufen am 29.3.23.

19 Aus heutiger Perspektive überraschend enthält das Grundsatzprogramm der FDP von 1971 (»Freiburger Thesen«) auch Thesen zum Umweltschutz wie diese: »Umweltschutz hat Vorrang vor Gewinnstreben und persönlichem Nutzen. Umweltschädigung ist kriminelles Unrecht.« Ein halbes Jahrhundert libertär-autonomistische Revolution später ist wenig übrig geblieben von diesem umweltpolitischen Geist. Gewinnstreben und persönliche Verwirklichung (auch auf Kosten anderer) sind mittlerweile fester Bestandteil dessen, was man mit der FDP verbindet. Vorrangiger, folgenreicher, ernst gemeinter Umweltschutz wird von heutigen Liberalen hingegen meist als grüne Bevormundung und Belastung für die Wirtschaft abgetan.

20 Die Idee, dass wir einen Körper haben, ist, vom gesunden Menschenverstand aus gesehen, eine Selbstverständlichkeit, die wir alle anerkennen, selbst wenn wir uns nicht gerade den Finger eingeklemmt, den Mund verbrannt haben oder uns etwas schmerzhaft auf den Fuß gefallen ist. Gesellschaftlicher Konsens hat Philosophen allerdings nie davon abgehalten, diese Selbstverständlichkeiten anzuzweifeln. Daher verwundert es kaum, dass es philosophische Strömungen gibt, die selbst bezüglich der größten Selbstverständlichkeit, nämlich, dass wir Körper haben, Skepsis anmelden. Ein Solipsismus des Körpers und des Geistigen führt das Argument ins Feld, dass wir, theoretisch, komplett falschliegen könnten mit unserer Wahrnehmung. Der Solipsismus ist die erkenntnistheoretische Lehre, dass alle äußere Erkenntnis falschliegen könnte und überhaupt nur notwendigerweise wahr ist, dass ein wahrnehmendes Ich existiert (Solipsismus besteht aus *solus*, »allein«, und *ipse*, »selbst«). Diese Position ist nah am kartesischen *Ego cogito, ego sum* – was ich erkenne, mag ich anzweifeln, allein dass ich erkenne, ist unzweifelhaft. Descartes selbst führt die Möglichkeit eines täuschenden Akteurs an (genius malignus); neuere Versionen dieser Überlegung argumentieren, ein Mensch könnte, theoretisch gesehen, in Wahrheit gar kein Mensch sein, sondern lediglich ein Gehirn im Tank *(brain in a vat)*, das von außen, vielleicht von einem bösen Wissenschaftler, clever verdrahtet wurde und durch von außen hinzugefügte Elektroimpulse lediglich den Eindruck hat, joggen zu gehen, sich zu verlieben oder sich in einem Corona-Lockdown zu befinden (oder zu erkranken). So wäre zum Beispiel mein wahres Ich, laut dieser solipsistischen Position, lediglich irgendwo derart verdrahtet, dass ich denke: »Ich schreibe gerade ein Buch über Freiheit«. Die populärste Variante dieses Gedankenexperiments ist ohne Zweifel die Filmreihe *Matrix*, in der die Menschheit, inklusive dem Filmhelden Neo, von Maschinen aus einer fernen Zukunft eine illusorische Gegenwart vorgegaukelt wird. Allerdings, wie wir dieses erkenntnistheoretische Problem der Wahrnehmung und des Bewusstseins auch beantworten: Es ist ein philosophisch-epistemisches Fundamentalproblem, das sich nicht im engeren Sinne auf die praktische Freiheitsproblematik auswirkt. Selbst wenn wir nur ein Gehirn im Tank wären (oder von zukünftigen Maschinen in der Wahrnehmung getäuscht): Wir empfinden uns als frei oder unfrei, als fremd- oder selbstbestimmt, als autonom oder gemaßregelt. Und auch einem Solipsisten tut es weh, wenn er sich beim Aufbauen eines IKEA-Schrankes versehentlich auf den Finger hämmert; selbst der größte Skeptizist fühlt sich unfrei während einer lebenslangen Freiheitsstrafe. Diese Probleme sind also konzeptuell interessant und aus erkenntnistheoretischer Perspektive wichtig, aber politisch sowie ethisch sekundär.

21 Das In-die-Schule-müssen-Schauspiel wiederholt sich natürlich generationell, und diejenigen von uns, die Nachwuchs haben, sehen es wiederum an ihren Kindern. Immerhin: Mit der Zeit versteht man die Hintergründe. Hinter der Schulpflicht steht unter anderem das Bildungsideal eines mündigen Bürgers, der – ganz im Sinne des Wagenhebereffekts Tomasellos – als langes Glied einer Kette an den immateriellen soziokulturellen Errungenschaften seiner Spezies teilhaben soll bzw. bis ins gewisse Alter teilhaben *muss*. Weil dieses Müssen nicht unbedingt immer individuell gewollt ist (sonst wäre es ja ein Wollen und kein Müssen), ist es die Schulpflicht, die Kinder verpflichtet, an einer kulturellen Grundausbildung teilzunehmen, und ihre Eltern wiederum verpflichtet, diese Teilnahme zu ermöglichen. Diese soziale Erwartungshaltung namens »Beschulung« ist in großen Teilen Deutschlands schon fast drei Jahrhunderte alt; die königliche Verordnung zur Einführung der Allgemeinen Schulpflicht galt in ganz Preußen ab dem 28. September 1717. Und trotz situativer kindlicher Unlust ist das Prinzip Schule ein kulturelles Privileg, wie wir nicht nur mit Blick auf Länder sehen, die ein dysfunktionales Schulsystem haben, sondern auch zu Krisenzeiten. Während der Corona-Krise, als es zeitweise Schulschließungen und zermürbenden, vielerorts kaum funktionierenden virtuellen Unterricht gab, verstanden selbst jene Kinder und Jugendlichen, die ihre Schule zuvor nicht sonderlich mochten, was die Vorzüge eines regelmäßigen, vor Ort stattfindenden Schulunterrichts sind. Darüber lohnt sich ein Blick in die Ukraine, um zu verstehen, dass die Kinder dort vielerorts nicht nur Sicherheit, Heimat und Familie erschüttert sehen, sondern auch ihre routinierte schulische Lebenswirklichkeit ab dem Februar 2022 weg war. Die Ergebnisse eines privaten, dem öffentlichen Raum entzogenen Homeschoolings kann man wiederum in den USA bestaunen, wo manche Kinder – aus sakulärer Perspektive: leider – von ihren meist religiösen Eltern per Heimbeschulung zu christlichen Fundamentalisten erzogen werden.

22 Deswegen ist das Motto der Friedensbewegung »Stell Dir vor, es ist Krieg, und keiner geht hin« in erster Linie ein schöner Posterspruch für Teenager. Inhaltlich ist er unterkomplex. Logisch: Wenn wirklich keiner hinginge, gäbe es keinen Krieg. Wenn es aber Krieg gibt, werden Menschen gezwungen, hinzugehen. Oder, ebenso tragisch: Der Krieg kommt zu den Menschen, ob sie nun »hingehen« oder nicht. »Stell Dir vor, es ist Krieg, und keiner geht hin« überschätzt die Autonomie und Souveränität des Einzelnen auf utopische Weise.

23 Selbst vermeintliche Politprofis sind von libertärer Desorientierung betroffen. Die ehemalige Bundestagsabgeordnete und ehemalige Familienministerin Kristina Schröder (CDU) beschreibt ihre regulative Entfremdungserfahrung wie folgt: »Der Staat, der mir bei Corona gegenübertrat, war mir fremd und unheimlich.« Der Grund hierfür ist natürlich, dass Menschen wie Frau Schröder, also finanziell Bessergestellte und sozial Privilegierte (zu denen ich mich zweifelsfrei auch zähle), den Staat nur im Kuschelmodus kennen. Wer zum Beispiel Bürgergeld bezieht oder regelmäßig bei der Ausländerbehörde vorsprechen muss, wird ganz andere Vorstellungen haben von der möglichen Autorität und im Zweifel drakonischen Durchsetzungsfähigkeit des deutschen Staates. Diesen Menschen sind staatliche Regeln und Sanktionen – und sogar ganz existenzielle Drohkulissen – kein Stück fremd. Wie Amlinger und Nachtwey beschreiben (2022), rühren einige Radikalisierungsgeschichten jener Mitbürger, die sich bei »Querdenken« versammelten, aus der ungewohnten Erfahrung eines tätigen, eingreifenden Staates, der, für die Betroffenen zuvor gänzlich unbekannt, selbst in finanziell bessergestellte und kulturell privilegierte Milieus hineinregelte.

24 Ein weiteres Beispiel für kontinuierlich wachsenden, intergenerationellen Wissenstransfer. Also das, was Tomasello als Wagenhebereffekt beschreibt. In der Weitergabe und Perfektionierung medizinischer Kulturtechniken über Jahrhunderte zeigt sich eine spezifisch menschliche Lebensweise, die den anderen Tieren – zumindest in dieser Komplexität – fremd ist. Dabei vergessen wir leicht, wenn wir von »intergenerationellem Transfer« sprechen, dass dieser Transfer von Wissen und Können stets von Individuum zu Individuum geschieht. Es ist kein passiver gesellschaftlicher Prozess, sondern aktives Lehren einerseits und wissbegieriges Lernen (und Weiterdenken) andererseits. Der Wagenhebereffekt ist also sowohl selbstverständliche Grundlage der Evolution menschlicher Kultur als auch ein ganz erstaunlicher, einzigartiger, sich über immense Zeit erstreckender sozialer Entwicklungsprozess. Ohne Imitationslernen wären wir nicht, wo wir sind.

25 (Theaitetos 149 d, übers. V. Rüfener). Zitiert nach Laarmann »Abtreibung in der Antike. Aspekte einer Thematisierung im altsprachlichen Unterricht« (2004): https://journals.ub.uni-heidelberg.de/index.php/fc/article/view/38066. Abgerufen am 29.3.23.

26 »Anzahl der Schwangerschaftsabbrüche in Deutschland in den Jahren von 1996 bis 2022« (Statista). Abgerufen am 29.3.23. https://de.statista.com/statistik/daten/studie/232/umfrage/anzahl-der-schwangerschaftsabbrueche-in-deutschland/.

27 Ebd.; Pressemitteilung Nr. 120 vom 27. März 2023 (Statistisches Bundesamt). Abgerufen am 29.3.23. https://www.destatis.de/DE/Presse/Pressemitteilungen/2023/03/PD23_120_233.html.

28 Hier lässt sich eine radikalere Argumentation denken. Religiöse Fundamentalisten gehen tatsächlich so weit, Frauen zu sagen, ihr Körper sei eben *nicht* ihr Körper, sondern quasi bloße Leihgabe Gottes. In der Extremvariante der Abtreibungsgegnerschaft lautet die Argumentation also, ultrareligiös determiniert: »It's not your body and it's not your choice.« Im religiösen Determinismus geht alles auf göttliche Vorherbestimmung zurück.

29 »Schwangerschaftsabbruch: Weltweit legal oder verboten? Ein globaler Überblick« (Terre des Femmes). Abgerufen am 29.3.23. https://frauenrechte.de/unsere-arbeit/themen/sexuelle-und-reproduktive-rechte/aktuelles/5162-schwangerschaftsabbruch-weltweit-legal-oder-verboten.

30 Möller, 2020, S. 86.

31 »Tabakentwöhnung: Raucher schaffen es nicht allein« (Martina Lenzen-Schulte). Abgerufen am 29.3.23. https://www.aerzteblatt.de/archiv/199361/Tabakentwoehnung-Raucher-schaffen-es-nicht-allein.

32 Pauen & Welzer, 2015, S. 25.

33 Vergleichen deutsche Suchtexperten die Schadwirkung diverser Drogen, taucht Alkohol recht weit vorne auf, direkt nach Crack, Methamphetamin und Heroin auf Platz vier; während Cannabis, bei einer Berücksichtigung von dreißig Substanzen, vergleichsweise abgeschlagen im Mittelfeld erscheint, was individuelle wie soziale Schadwirkung angeht. Siehe: »Ranking the Harm of Psychoactive Drugs Including Prescription Analgesics to Users and Others – A Perspective of German Addiction Medicine Experts« (Bonnet et al.) (2020). https://www.frontiersin.org/articles/10.3389/fpsyt.2020.592199/full. Abgerufen am 26.4.23.

34 Wie kurios und widersprüchlich auferlegte Konsumzwänge auf uns wirken, sehen wir anhand fiktiver Beispiele: Im Roman *The Cocka Hola Company* (2003) von Matias Faldbakken hat eine Figur namens Speedo einen »Zwangsalkoholikervertrag«, der ihn verpflichtet, sich konsequent totzusaufen. Etwas milder geht der Film *Der Rausch* (2020) mit dem Thema um. Dort verpflichten sich einige Freunde, unter anderem ein Lehrer, der von Mads Mikkelsen gespielt wird, dazu, stets einen leichten Grundalkoholpegel zu halten. So viel sei vorweggenommen: Aus Spaß wird schnell Ernst, und was lustig anfängt, geht schließlich schief. (Darüber hinaus kennen alle, die – sei es zeitweise oder permanent – auf Alkoholkonsum verzichten, Momente indirekten Konsumzwangs oder zumindest der Rechtfertigung; ist man im geselligen Kontext der Einzige, der nicht trinkt, kommt schnell die Frage auf, wieso.)

35 Auch wie ich meine Frisur trage, wie und ob ich mich schminke, ob ich mir Tattoos oder Schmuck zulege usw. – all dies sind Fragen individueller aktiver Körperautonomie und persönlicher Gestaltungsfreiheit. Das ist meine *Freiheit zu* (positive Freiheit).

36 Für alle, die jetzt schreien »Halt! Moment! Die wurde doch abgeschafft!« – es geht im Leben nicht nur um Corona. Natürlich gibt es andere Impfpflichten. Die Masern-Impfpflicht gilt in Deutschland für eine ganze Reihe von Berufen. Im Juli 2022 wies das Bundesverfassungsgericht Verfassungsbeschwerden gegen diese Impfpflicht

ab – sie ist ein rechtlich legitimes Erfordernis und im Einklang mit dem Grundgesetz. Siehe zum Beispiel »Erfolglose Verfassungsbeschwerden gegen die Pflicht zum Nachweis einer Impfung gegen Masern« (Bundesverfassungsgericht). Abgerufen am 29.3.23. https://www.bundesverfassungsgericht.de/SharedDocs/Pressemitteilungen/DE/2022/bvg22-072.html.
Und selbst eine Corona-Impfpflicht besteht nach wie vor, aber berufsspezifisch. So müssen Soldaten sich in Deutschland gegen Corona impfen lassen, um ihren Beruf ausüben zu dürfen; mittlerweile ist »die Schutzimpfung gegen Covid-19 in die Liste der für alle aktiven Soldatinnen und Soldaten verbindlichen Basisimpfungen aufgenommen worden«, um das Bundesverwaltungsgericht zu zitieren. »Soldaten müssen sich gegen Covid-19 impfen lassen« (Bundesverwaltungsgericht). Abgerufen am 29.3.23. https://www.bverwg.de/pm/2022/44.

37 »Staatsanwaltschaft Berlin: Tote Radfahrerin: Klimaschützer nicht schuld« (ZDF). https://www.zdf.de/nachrichten/panorama/klimaschuetzer-radfahrerin-tod-gericht-100.html. Abgerufen am 24.4.23.

38 »Bericht: Klima-Blockade hat Notversorgung nach Unfall in Berlin nicht behindert« (RBB). https://www.rbb24.de/panorama/beitrag/2022/11/letzte-generation-vorwuerfe-unfall-notaerztin-berlin-kritik-medien.html. Abgerufen am 24.4.23.

39 Die traurige Tatsache, dass Menschen immer noch mit Hijab beleidigt oder mit Kippa bespuckt oder bedroht werden und dergleichen, ändert nichts daran, dass Religion dort, wo sie ohne offenkundigen Zwang und soziale Unterdrückung stattfindet, Ausdruck persönlicher Autonomie und kollektiver Zugehörigkeit ist. Und beides, im Idealfall, überwiegend unproblematisch.

40 »Corona-Demonstration: 17000 – oder 1,3 Millionen?« (Philipp Bovermann), Süddeutsche Zeitung. Abgerufen am 29.3.23. https://www.sueddeutsche.de/politik/berlin-corona-demo-teilnehmer-zahlen-1.4987759.

41 Die Kubicki-Habeck-Duschdebatte hatte insofern ihren Ursprung in einem Autonomie-Missverständnis, respektive einer scheinbaren staatlichen Übergriffigkeit, einer scheinbar unzulässigen Regulierung des privaten Lebensraums. In Wahrheit ist eine Bitte zum verantwortungsvollen Haushalten in Zeiten von Ressourcenknappheit und Energiekrisen durchaus legitim, selbst wenn das, womit man haushalten soll und was aus meinem Duschkopf kommt, vermeintlich privates Duschwasser ist. Gegenstand sozialer Normierung und somit Gegenstand ethisch wie politisch legitimer Regelungen wird es durch die krisenbedingte Knappheit. Denken wir so ein Szenario, nur extremer: Kriegsbedingt wird das Essen, das man kaufen kann, rationiert. Die äußeren Umstände machen eine Rationierung nicht nur organisatorisch klug, sondern ethisch legitim. Während des Zweiten Weltkrieges gab es unter anderem exakt solche Einschränkungen für die englische Zivilbevölkerung, mit Lebensmittelkarten und Rationierung, die in Großbritannien im Januar 1940 begann. Einschränkungen, die Eingriffe waren, aber keine Übergriffe.

42 Der Clip »Rauchverbot in BVG-Bussen (1974)« ist zum Beispiel unter https://www.facebook.com/watch/?v=1906317089645526 abzurufen, alternativ »RBB Raucherbus« googeln.

43 Robert Habeck brachte es prägnant auf den Punkt: »Es gibt kein Recht auf Rasen in Deutschland.« Das von seiner Partei anvisierte Tempolimit konnte Habeck trotz Regierungsbeteiligung bisher nicht einführen. Zu stark ist der autonomistische Widerstand der FDP; zu symbolgeladen die Tempolimitdiskussion. Ein Wertekonflikt, bei dem es nur einen einzigen Verlierer gibt: die Umwelt. Und apropos »Rennstrecke«: Wissen Sie, wer sich ein Tempolimit auf deutschen Autobahnen wünschen würde? Sebastian Vettel! Zur Tatsache, dass es bisher nicht von der Ampelregierung eingeführt wurde, sagt der Rennfahrer: »Natürlich bin ich deshalb enttäuscht.« Und ergänzt: »Aber es wird so oder so kommen, glaube ich. Es ist nur eine Frage der Zeit.«
»Bei Regierungsbeteiligung der Grünen: Habeck will Tempolimit auf Autobahnen durchsetzen« – »Kein Recht auf Rasen in Deutschland« (Tagesspiegel). Abgerufen am 29.3.23.
https://www.tagesspiegel.de/politik/habeck-will-tempolimit-auf-autobahnen-durchsetzen--kein-recht-auf-rasen-in-deutschland-7596358.html.
»Sebastian Vettel hätte sich ein Tempolimit auf Autobahnen gewünscht« (Frankfurter Allgemeine Zeitung). Abgerufen am 29.3.23.
https://www.faz.net/aktuell/gesellschaft/menschen/formel-1-sebastian-vettel-fuer-tempolimit-in-deutschland-17716304.html.

44 »Impfneid und Impfdrängler. ›Der eine oder andere geht schimpfend aus der Praxis‹« (Deutschlandfunk). Abgerufen am 29.3.23. https://www.deutschlandfunk.de/impfneid-und-impfdraengler-der-eine-oder-andere-geht-100.html.

45 »Trotz Coronabeschränkungen: CDU-Politiker feierte Geburtstagsparty mit zahlreichen Gästen« (Spiegel Online). Abgerufen am 29.3.23. https://www.spiegel.de/politik/deutschland/trotz-corona-cdu-politiker-klaus-peter-willsch-feiert-party-mit-zahlreichen-gaesten-a-a0d64854-5967-4598-ba51-0b7dd99b7e97.

46 »Corona-Partys um Premier Johnson: Erste Bußgelder wegen ›Partygate-Affäre‹« (Tagesschau). Abgerufen am 29.3.23. https://www.tagesschau.de/ausland/corona-party-johnson-bussgelder-grossbritannien-101.html.

47 https://www.mdr.de/nachrichten/deutschland/panorama/corona-csu-maskenaffaere-urteil-bundesgerichtshof-nuesslein-sauter-100.html, abgerufen am 23.5.23.

48 https://twitter.com/HubertAiwanger/status/1619775002802536448, abgerufen am 23.5.23.

49 »Schweizer Skiort Gstaad flog Schnee per Helikopter an die Pisten« (Der Standard). Abgerufen am 29.3.23. https://www.derstandard.de/story/2000142350424/schweizer-skiort-gstaad-flog-schnee-per-helikopter-an-die-pisten.

50 https://de.statista.com/statistik/daten/studie/426828/umfrage/pkw-neuzulassungen-in-deutschland-im-segment-suvs/, abgerufen am 16.5.23.

51 »›Nehmt das Auto statt der Bahn, heizt bei offenem Fenster‹: Wie ein Berliner gegen radikale Klimaschützer protestieren will« (Tagesspiegel). Abgerufen am 29.3.23. https://checkpoint.tagesspiegel.de/langmeldung/5Z8lMPod6hGBWIfuhOVpq2?utm_source=twitter&utm_medium=tweet&utm_campaign=nehmt-auto-statt-bahn-heizt-bei-offenem-fenster-wie-ein-berliner-gegen-radikale-klimasch%C3%BCtzer-protestieren-will.

52 »Lag mit Covid-19 auf Intensivstation: AfD-Politiker Seitz hält Corona-Auflagen weiter für unangemessen« (Tagesspiegel). Abgerufen am 29.3.23. https://www.tagesspiegel.de/politik/afd-politiker-seitz-halt-corona-auflagen-weiter-fur-unangemessen-5093854.html.

53 »Corona-Demo in Kassel: Sonnenlicht ist ›das beste Desinfektionsmittel‹« (Hessische/Niedersächsische Allgemeine). Abgerufen am 29.3.23.
https://www.hna.de/kassel/corona-demo-kassel-querdenker-protest-politik-bundesregierung-news-90255885.html.

54 Autor Johannes Schneider schrieb über dieses solide, trotzige Wir-Gefühl, dem die Freiheits-Laylaianer zum Opfer fielen: »Unter dem mutmaßlichen Druck der Zensorinnen und Sittenwächter entstand ein Diamant aus Scheiße.« Und: »›Layla‹ wurde zur Freiheitshymne derer, die sich in größtmöglicher Freiheit die Gefangenschaft herbeireden lassen.« »Cancel Culture: Diese verdammte Angst« (Zeit Online). Abgerufen am 29.3.23.
https://www.zeit.de/kultur/2023-03/cancel-culture-canceln-ein-notwendiger-streit/komplettansicht.

55 »Pressemitteilung 06/2022. Ethikrat: Kinder, Jugendliche und junge Erwachsene in gesellschaftlichen Krisen nicht alleinlassen« (Ethikrat). Abgerufen am 29.3.23.
https://www.ethikrat.org/mitteilungen/mitteilungen/2022/ethikrat-kinder-jugendliche-und-junge-erwachsene-in-gesellschaftlichen-krisen-nicht-alleinlassen/.

56 »Impfungen und Duldungspflicht« (Bundeswehr). Abgerufen am 29.3.23.
https://www.bundeswehr.de/de/organisation/sanitaetsdienst/medizin-und-gesundheit/impfungen-und-duldungspflicht.

57 »Bundesverfassungsgericht: Karlsruhe billigt partielle Impfpflicht« (FAZ). Abgerufen am 29.3.23. https://www.faz.net/aktuell/politik/inland/einrichtungsbezogene-impfpflicht-von-bundesverfassungsgericht-bestaetigt-18042968.html?GEPC=s30.

58 »Erfolglose Verfassungsbeschwerde gegen die Pflicht zum Nachweis einer Impfung gegen COVID-19 (sogenannte ›einrichtungs- und unternehmensbezogene Nachweispflicht‹)«. Pressemitteilung Nr. 42/2022 vom 19. Mai 2022 (Bundesverfassungsgericht). Abgerufen am 29.3.23.
https://www.bundesverfassungsgericht.de/SharedDocs/Pressemitteilungen/DE/2022/bvg22-042.html.

59 Die soziale Verfassung politischer Freiheit wird hier erneut deutlich. Auf internationaler Länderebene gilt wie im Einzelkampf von Mensch gegen Mensch: Der Angriff des einen bedingt die Verteidigung des anderen. Eine Prügelei ist, ähnlich wie ein Krieg, aus handlungstheoretischer Perspektive eine soziale Handlung, bei dem der Beitrag des einen erst Sinn ergibt durch den Beitrag des anderen. Erst durch soziale Interaktion, in diesem Fall gewaltsame soziale Interaktion, wird die Handlung zu dem, was sie ist. Philosophinnen, die sich mit der Theorie sozialer Handlungen beschäftigen, sprechen deshalb von *interdependenten Handlungsbeiträgen* der involvierten Akteure (Schmid/Schweikard, 2009).

60 International bekannt wurde der Fall von Andrej Medwedew, einem ehemaligen Kommandeur der russischen Gruppe Wagner, der im Januar 2023 über die russisch-norwegische Grenze floh. Siehe »Norwegen: Was wir über den desertierten Ex-Wagner-Söldner wissen« (Zeit Online). Abgerufen am 29.3.23. https://www.zeit.de/politik/ausland/2023-01/wagner-soeldner-andrej-medwedew-norwegen.

61 https://twitter.com/EichholtzAlex/status/1609556164236165129, abgerufen am 23.5.23.

62 Das Dammbruchargument, das man Argument der schiefen Ebene oder *slippery slope* nennt, ist eine rhetorische Technik, die oft polemisch eingesetzt wird. Es ist höchst spekulativ, da längere Ereignisketten schlecht vorausgesagt und schlecht widerlegt werden können (»Wenn X passiert, dann passiert X1 und dann passiert X2 und dann passiert X3, und das geht dann so weiter bis XY«). Dominoeffekte sind, sofern sie eintreten, spektakulär und hinterlassen Eindruck. Gut vorhersagen lassen sie sich allerdings nicht, weil die soziale Welt komplexer ist als ein paar Dutzend aneinandergereihte Dominosteine, bei denen die Schwerkraft die Kausalkette geschlossen determiniert. Fällt einer, fallen – bei richtigem Aufbau – alle.

63 https://twitter.com/ulfposh/status/1608101380429942784, https://twitter.com/ulfposh/status/1603761375293198337, beide abgerufen am 23.5.23.

64 »Trotz Verkaufsverbot: FDP-Mann böllert Silvester trotzdem« (Bild). Abgerufen am 29.3.23. https://www.bild.de/regional/muenchen/muenchen-aktuell/knaller-rebellen-boellerverbot-die-fdp-laesst-es-trotzdem-krachen-78674838.bild.html.

65 Eine kleine Anekdote: Als Rodrigo de Jerez mit seinem Schiff in einem südspanischen Hafen landet, zündet er sich eine Pfeife an. Ein rauchender Matrose. Nichts Besonderes, oder? Seine Zeitgenossen waren anderer Meinung. Für sein Vergehen des Tabakrauchens warf man ihn in den Kerker. Jahrelang. Rodrigo de Jerez gilt nämlich als der erste europäische Raucher. Es war 1492. Und die Tatsache, dass seinem Mund Rauch entwich, war für seine Mitmenschen ein klares Zeichen für seinen Pakt mit dem Teufel. Der Hintergrund: Rodrigo de Jerez hatte Christoph Kolumbus auf seiner Reise begleitet. Der Seefahrer, der an Bord der berühmten *Niña* zurück nach Europa fand, hatte sich das Verbrennen und Inhalieren von getrockneten Tabakblättern von den indigenen Bewohnern der sogenannten Neuen Welt abgeschaut und es schätzen gelernt. Sehr zu seinem Nachteil, wie sich später herausstellte. Und es kam noch schlimmer: Als man Rodrigo de Jerez Jahre später aus seiner Gefängnishaft entließ, war das Rauchen mittlerweile sozial akzeptiert. Ein frühes Beispiel gescheiterter Drogenpolitik.

66 Wobei »Früher war alles besser« ja ein psychischer Automatismus zu sein scheint. Wir verklären die Vergangenheit und machen sie im Rückblick schöner, als sie war. Und vor allem muss man der »Früher war alles besser«-Fraktion entgegenhalten, dass früher eben definitiv nicht *für alle* alles besser war. Wer so redet, ist in der Regel privilegiert. Kriegsgeflüchteten, die sich von den Detonationen an frühere Todesangst erinnert fühlen, geht es vermutlich ohne chaotische Böllerei besser. Auch Feuerwehrmänner haben an Silvester weniger zu befürchten, wenn nicht Horden Alkoholisierter mit Sprengstoff hantieren. Und Hunde, Katzen und Vögel können wir schlecht fragen, wann sie etwas besser finden und wann nicht, allerdings spricht die Beobachtung verschreckter Tiere durchaus dafür, dass diese ganz gut ohne stundenlanges lautes Knallen auskommen. Was wann für wen besser ist, respektive war, ist eine sehr perspektivische Frage – weshalb es sich lohnt, bei ihrer Beantwortung alle relevanten Perspektiven zu berücksichtigen.

67 Singer, 2013, S. 21 f.

68 Ebd, S. 21 f.

69 Hübner, 2018, S. 13.

70 »Kirchenmitglieder sind nur noch eine Minderheit in Deutschland« (Der Spiegel). Abgerufen am 16.5.23. https://www.spiegel.de/panorama/gesellschaft/kirchekatholisch-oder-evangelisch-nicht-einmal-mehr-die-haelfte-in-deutschland-a-274e0475-fc22-4504-a8ca-963924a40651; Wer sagt: »Ich töte/stehle/betrüge deshalb nicht, weil die Bibel es verbietet / Gott es von mir verlangt / Ich Angst vor der Hölle habe«, jagt vielen Nicht-Religiösen einen ziemlichen Schrecken ein. Die Konsequenz dieser Ethik ist natürlich gut – es wird weniger getötet, betrogen, gestohlen. Allerdings wird der Rechtfertigungsgrund prosozialer Handlungen auf die theologische Ebene verschoben. Wer so argumentiert, sagt nichts anderes als »Eventuell morde/stehle/betrüge ich doch, sobald ich von meinem Glauben abfalle«. Es wäre allerdings wünschenswert, stabile *diesseitige* ethische Rechtfertigungsgründe für die eigenen moralischen Handlungen (und Unterlassungen) zu haben. Ein weitverbreiteter, nicht notwendigerweise religiöser Rechtfertigungsgrund moralischer Konformität kann daher lauten: Ich halte mich an die moralischen Regeln meiner Sozialgemeinschaft in der Überzeugung, dass moralische Verstöße einen Schaden anrichten – und/oder meine Mitmenschen leiden lassen. Diese Begründung kommt ohne Bezug auf eine metaphysische Welt aus, deren Existenz nun mal spekulative subjektive Glaubenssache ist.

71 Das ist keine exklusive Spaßbremsenlogik. Fachleute stimmen zu. Berlins Landesbranddirektor nannte Böllerei wortwörtlich »eine Tradition, die es zu überwinden bedarf«. »Jeder einzelne dieser Einsätze war vermeidbar und jeder einzelne war ein Einsatz zu viel«, sagte Direktor Karsten Homrighausen. »Jahreswechsel mit schweren Folgen. Überwindung der Tradition – Landesbranddirektor fordert Böllerverbot« (T-Online). Abgerufen am 29.3.23. https://www.t-online.de/region/berlin/id_100108740/nach-randalen-in-berlin-landesbranddirektor-fordert-boellerverbot-zu-silvester.html.

72 »Buschmann: Mehr als 10 000 Protestmails und Unterschriften sind klares Signal gegen das totale Rauchverbot« (Verein zum Erhalt der bayrischen Wirtshauskultur). Abgerufen am 23.5.23. https://www.vebwk.com/pressemitteilungen/buschmann-mehr-als-10-000-protestmails-und-unterschriften-sind-klares-signal-gegen-das-totale-rauchverbot/.

73 »Soll sich jeder leisten können« – So plant München das Oktoberfest« (T-Online). Abgerufen am 29.3.23.

https://www.t-online.de/region/muenchen/news/id_92168976/interview-so-plant-muenchen-das-oktoberfest-2022.html.

74 https://twitter.com/janskudlarek/status/1252497090204389381, abgerufen am 23.5.23.

75 »Anzahl und Art der Straftaten auf dem Oktoberfest in den Jahren 2019 und 2022« (Statista). Abgerufen am 29.3.23. https://de.statista.com/statistik/daten/studie/921514/umfrage/anzahl-und-art-der-straftaten-auf-dem-oktoberfest/.

76 »Alexander Dobrindt: ›Die Entstehung einer Klima-RAF muss verhindert werden‹« (Zeit Online). Abgerufen am 29.3.23. https://www.zeit.de/politik/deutschland/2022-11/alexander-dobrindt-klimaaktivisten-strafen-raf.
Ähnlich, wenn auch extremer, äußerte sich Beatrix von Storch (AfD): »Linksgrüner #Staatsfunk schürt #Klimapanik. Linksgrüne Extremisten betreiben Klimaterror. Linksgrüne Jury erklärt #Klimaterroristen zum #UnwortdesJahres. Links-grüner Staatsfunk berichtet über Unwort des Jahres. Alles kommt aus demselben linksgrünen Sumpf.«
https://twitter.com/Beatrix_vStorch/status/1612788201877282817, abgerufen am 23.5.23.
Viele neurechte Persönlichkeiten und Medien äußerten sich vergleichbar:
https://twitter.com/TheRepublicDe/status/1613219807620661250

77 https://twitter.com/f_schaeffler/status/1587525047522140160.

78 »Pressemitteilung: Wahl des 32. ›Unwort des Jahres‹. Unwort des Jahres 2022: Klimaterroristen« (Unwort des Jahres). Abgerufen am 29.3.23.
https://www.unwortdesjahres.net/wp-content/uploads/2023/01/Pressemitteilung_Unwort_2022_Januar_2023_Version_final.pdf.

79 »Verfassungsschutz: ›Klimaaktivisten sind keine Extremisten‹« (Jeanette Schindler), SWR. Abgerufen am 28.3.23. https://www.swr.de/swraktuell/rheinland-pfalz/demokratie-forum-verfassungsschutz-letzte-generation-keine-extremisten-100.html.
Haldenwangs »gegenwärtig« bezog sich zum Zeitpunkt des Sprechens auf November 2022, allerdings gab es bei Manuskriptabgabe keinen Hinweis auf eine veränderte Einschätzung seitens des Verfassungsschutzes (vgl. https://www.tagesschau.de/inland/haldenwang-verfassungsschutz-letzte-generation-101.html).

Ende Mai 2023 kam es zu einer bundesweiten Razzia durch die Polizei, die vielfach kritisiert wurde. Der Tatvorwurf: Bildung bzw. Unterstützung einer kriminellen Vereinigung. Der frühere Verfassungsgerichtspräsident Andreas Voßkuhle sieht keine »extremen Ansätze« – er nannte die Aktionen der Gruppe »harmlose Sandkastenspiele« (https://www.tagesschau.de/inland/klimakleber-vosskuhle-100.html). Ebenso veröffentlichte das Bundeskriminalamt (BKA) im Juni 2023 die Einschätzung, die Letzte Generation zeige keine Tendenz zum Extremismus – und eine solche Entwicklung sei auch nicht zu erwarten (vgl. https://www.tagesschau.de/inland/gesellschaft/letzte-generation-bka-100.html, alle abgerufen am 26.5.23).

80 »Klima: Soziologe Quent: Mittel der ›Letzten Generation‹ sind mild« (Süddeutsche Zeitung). Abgerufen am 29.3.23. https://www.sueddeutsche.de/wissen/klima-soziologe-quent-mittel-der-letzten-generation-sind-mild-dpa.urn-newsml-dpa-com-20090101-221126-99-669289.

81 Interessantes Detail: In unserem fiktiven Szenario fürchten Politikerinnen um ihr Leben wegen der Terrorgruppe GAF. In der Wirklichkeit fürchtet hingegen kaum ein Politiker wirklich um sein Leben wegen der Klimakrise. Dabei ist diese definitiv existenzbedrohend. Zwar auf andere Art als eine kriminelle Bedrohung, da hinter der Klimakrise keine Intentionalität steht. Die Klimakrise ist kein Akteur und handelt nicht absichtlich und zielgerichtet. Eine existenzielle Bedrohung ist sie nichtsdestoweniger. Wie kommt das? Warum würde die Bedrohung durch eine kriminelle Vereinigung ernst genommen, und warum wird die Bedrohung durch die Klimakrise in weiten Strecken ignoriert? Ein Teil der Antwort hat wohl damit zu tun, dass eine Bedrohung durch Kriminelle gefühlt näher und konkreter wäre. Die Klimakrise ist abstrakt, systemisch und hat höchstens indirekte Akteure und indirekte Schuldige. Ferner – auch das spielt sicherlich eine Rolle – gehören Berufspolitikerinnen zu den privilegierten Bevölkerungsteilen. Es wird die wirtschaftlichen Eliten, im Fall einer voranschreitenden Erderwärmung, weniger hart und weniger schnell treffen als die weniger Privilegierten. In klimatisierten Büros lassen sich Hitzewellen aushalten; und mit üppigem Einkommen sind die Heizkosten nicht von Bedeutung.

82 Ein anspruchsvoller Utilitarismus würde selbstverständlich das Unglück der vielen mitberechnen, die angesichts geradezu willkürlicher Terroranschläge in Angst (lat. *terror* = Schrecken) leben. Beim Verrechnen und Bilanzieren müssen wir also, wie es ja auch im tatsächlichen Diskurs geschieht, miteinbeziehen, dass Umweltschutz keineswegs ein absolutes, von anderen Lebensaspekten losgelöstes Ziel ist. Eine absolut nachhaltige Gesellschaft, die jenseits der Nachhaltigkeit grausam, menschenfeindlich und diktatorisch wäre, wäre auch in der Handlungsfolgebewertung utilitaristischer Sichtweisen kein wünschenswerter Zustand. Insofern ist es unredlich, anderen zu unterstellen, sie wünschten sich eine Ökodiktatur. Eine klimakrisenbewusste Gesellschaft mit konsequenten, gemeinwohlfördernden Regeln ist möglich, ohne ins Totalitäre abzudriften.

83 Dupré, 2010, S. 176.

84 Über fünf Milliarden Menschen weltweit nutzen regelmäßig das Netz, schätzungsweise. Allein im letzten Jahrzehnt stieg die Nutzerzahl um rund 2,9 Milliarden. Während sich einige von uns besser im Griff haben als andere, steht also dennoch fest: Angebot und Überangebot betreffen Milliarden Menschen. Siehe: »Statistiken zur Internetnutzung weltweit« (Statista). Abgerufen am 29.3.23. https://de.statista.com/themen/42/internet/.

85 Nichtsdestoweniger ist das Sinnbild der WG wertvoll, denn unser Planet ist nichts anderes. Und unsere planetarische Wohngemeinschaft ist es, die wir mit einer kollektiven Kraftanstrengung erhalten müssen; oder, negativ gesprochen, zumindest nicht zerstören sollten. Die Idee einer großen Wohngemeinschaft mit gemeinsamer Nutzung vorhandener Güter ist, im Wesentlichen, gleichbedeutend mit dem Allmendeprinzip. Siehe auch: »Die Welt als Allmende: marktwirtschaftlicher Wettbewerb und Gemeingüterschutz« (Gerhard Scherhorn), Aus Politik und Zeitgeschichte (Bundeszentrale für politische Bildung). Abgerufen am 29.3.23. https://www.bpb.de/shop/zeitschriften/apuz/33212/die-welt-als-allmende-marktwirtschaftlicher-wettbewerb-und-gemeingueterschutz/.

86 »Sicherheitsgurte: Furcht vor der Fessel« (Der Spiegel 50/1975). Abgerufen am 29.3.23. https://www.spiegel.de/politik/sicherheitsgurte-furcht-vor-der-fessel-a-a8777b51-0002-0001-0000-000041389557.

87 Wer sich für die empirischen Details der »Erfolgsgeschichte Sicherheitsgurt« interessiert, dem sei die Statistik zur Anzahl der Verkehrstoten in Deutschland über vierzig Jahre nahegelegt. In den frühen Siebzigern starben um die zwanzigtausend Menschen jährlich im deutschen Straßenverkehr. Durch Einführung der Anschnallpflicht – und anschließend eines Bußgeldes fürs Nicht-Anschnallen – sank die Todeszahl jährlich um viele tausende Menschen, deren Leben »zwangsweise« gerettet wurden. Niemand schreit hier »Verbotskultur!«; und alles hieran ist gesunder Menschenverstand. Anderen Regelungen, die uns noch neu vorkommen, vor allem zum Klimaschutz, wird es zukünftig ähnlich ergehen; ihre evidente Sinnhaftigkeit wird sich beweisen und durchsetzen, und im Rückblick wird man sich wundern, was es damals für kuriose Diskussionen gab. »40 Jahre Sicherheitsgurt, eine Erfolgsgeschichte« (Statista). Abgerufen am 29.3.23. https://de.statista.com/infografik/1798/verkehrstote-in-deutschland/.

88 Original-Tweet auf Englisch (Übersetzung des Autors): https://twitter.com/Sandyboots2020/status/1599240888299163648, abgerufen am 23.5.23.

89 Original-Tweet auf Englisch (Übersetzung des Autors): https://twitter.com/jameshamblin/status/1483613617832566790, abgerufen am 23.5.23.

90 »Deutscher Ethikrat: Impfen als Pflicht? (Stellungnahme)« (Ethikrat). Abgerufen am 29.3.23. https://www.ethikrat.org/fileadmin/Publikationen/Stellungnahen/deutsch/stellungnahme-impfen-als-pflicht-kurzfassung.pdf.

91 Kant, 1785. »Grundlegung zur Metaphysik der Sitten«. Abrufbar unter: https://www.projekt-gutenberg.org/kant/sitte/chap003.html. Abgerufen am 29.3.23.

92 Mill, 1859. »On Liberty«. Auszug online abrufbar unter anderem unter: https://www.rechtsphilosophie.ch/1859_Mill_On%20Liberty.pdf. Abgerufen am 29.3.23.

93 »Umfrage: Persönliche Kontakte verhelfen häufig zu neuem Job« (Süddeutsche Zeitung). Abgerufen am 29.3.23. https://www.sueddeutsche.de/karriere/arbeit-umfrage-persoenliche-kontakte-verhelfen-haeufig-zu-neuem-job-dpa.urn-newsml-dpa-com-20090101-210922-99-315142.

94 https://twitter.com/c_lindner/status/409333234380447744, abgerufen am 23.5.23.

95 Original: »They are convinced of their fierce independence while utterly dependent on a system they don't appreciate or understand«. https://twitter.com/andrefran/status/1464759106267402242, abgerufen am 23.5.23.

96 »Wolfgang Kubicki bei Anne Will: ›Wer Angst hat, soll zuhause bleiben‹« (Stuttgarter Zeitung). Abgerufen am 29.3.23. https://www.stuttgarter-zeitung.de/inhalt.wolfgang-kubicki-bei-anne-will-wer-angst-hat-soll-zuhause-bleiben-fdp-politiker-erntet-spott.ed3ee0a3-06ab-4ef3-9eb5-105287a94d73.html.

97 »Diskussion um härteren Lockdown: Kubicki: Ihr seid schuld? Das ärgert mich« (Interview von Kristina Hofmann), ZDF. Abgerufen am 29.3.23. https://www.zdf.de/nachrichten/politik/corona-kubicki-lockdown-ffp2-masken-100.html#xtor=CS5-48.

98 Übersetzung des Autors. Quelle: Zum Beispiel https://www.boredpanda.com/return-shopping-cart-theory-ultimate-litmus-test/?utm_source=google&utm_medium=organic&utm_campaign=organic. Abgerufen am 29.3.23.

99 »620 000 Menschen ohne Ticket erwischt: Drei Prozent Schwarzfahrer in Berlin« (Tagesspiegel). Abgerufen am 29.3.23. https://www.tagesspiegel.de/berlin/polizei-justiz/drei-prozent-schwarzfahrer-in-berlin-6198994.html.

100 Ebd.

101 »Millionen Fahrgäste mit 9-Euro-Tickets: Mehr als 42 000 Schwarzfahrer weniger in Berlin«. Abgerufen am 23.5.23. https://www.tagesspiegel.de/berlin/mehr-als-42000-schwarzfahrer-weniger-in-berlin-5771569.html.

102 https://twitter.com/search?q=from%3Aa_nnaschneider%20raub&src=typed_query; siehe auch https://en.wikipedia.org/wiki/Taxation_as_theft, abgerufen am 29.3.23.

103 Dies ist ein Grund, warum der Cum-Ex-Steuerbetrug nicht nur eine immense wirtschaftliche und juristische Bedeutung hat, sondern eine moralische. Dem Staat wurden Milliarden an Steuergeldern gestohlen, die sonst für Straßen, Schulen, Bildung und Ausbildung usw. hätten investiert werden können. Vieles davon bleibt verloren, die Taten wurden nur anteilig aufgeklärt.

104 Bayertz, 2014, S. 143. Bayertz erörtert das moralische Trittbrettfahrerproblem weiterführend.

105 Bayertz, 2014, S. 143.

106 https://www.die-bibel.de/bibeln/online-bibeln/lesen/LU17/LUK.10/Lukas-10. Abgerufen am 29.3.23.

107 Kessler & Fritsche, 2018, S. 102.

108 Ebd., S. 103.

109 »Unterlassene Hilfe in der Bank: Staatsanwaltschaft erhebt Anklage im Fall des Essener Rentners« (Spiegel Online). Abgerufen am 29.3.23.
https://www.spiegel.de/panorama/justiz/essen-sterbender-rentner-in-der-bank-staatsanwaltschaft-erhebt-anklage-a-1145813.html.

110 »Unterlassene Hilfeleistung in Essen: ›Der Rentner ist den Bankkunden einfach gleichgültig gewesen‹« (Rheinische Post). Abgerufen am 29.3.23.
https://rp-online.de/nrw/panorama/rentner-in-bank-in-essen-nicht-geholfen-keiner-wollte-hilfe-leisten_aid-17751711.

111 »Unterlassene Hilfeleistung für Rentner in Bank: Angeklagte müssen Geldstrafen zahlen« (Spiegel Online). Abgerufen am 29.3.23.
https://www.spiegel.de/panorama/justiz/rentner-in-bank-gericht-verhaengt-geldstrafen-wegen-unterlassener-hilfeleistung-a-1168518.html.

112 »Klopapierhersteller: ›Es wird keine Unterversorgung geben‹« (Spiegel Online). Abgerufen am 23.5.23.
https://www.spiegel.de/wirtschaft/klopapier-und-hamsterkaeufe-es-wird-keine-unterversorgung-geben-a-6fa87fee-c1ec-4634-94cd-c0c0e9a38e36.

113 »Bewältigung von Krisen: Wenn es drauf ankommt« (Ulrich Schnabel), Zeit Online. Abgerufen am 29.3.23.
https://www.zeit.de/2022/39/krise-bewaeltigung-energiekrise-egoismus-altruismus/komplettansicht.

114 Ebd.

115 Ebd.

116 Jonas, 2017, S. 172.

117 »Corona-Pandemie: ›Da habe ich mich geirrt‹« (Zeit Online). Abgerufen am 29.3.23.
https://www.zeit.de/politik/deutschland/2023-01/corona-pandemie-fehler-armin-laschet-manuela-schwesig.

118 Zur psychischen Gesundheit von Kindern und Jugendlichen während der Pandemie veröffentlichte der Deutsche Ethikrat zudem eine eigene Pressemitteilung. »Pressemitteilung 06/2022 Ethikrat: Kinder, Jugendliche und junge Erwachsene in gesellschaftlichen Krisen nicht alleinlassen« (Ethikrat). Abgerufen am 29.3.23. https://www.ethikrat.org/mitteilungen/mitteilungen/2022/ethikrat-kinder-jugendliche-und-junge-erwachsene-in-gesellschaftlichen-krisen-nicht-alleinlassen/.

119 »Corona-Pandemie: Da habe ich mich geirrt« (Zeit Online). Abgerufen am 29.3.23. https://www.zeit.de/politik/deutschland/2023-01/corona-pandemie-fehler-armin-laschet-manuela-schwesig.

120 Der Unterschied zwischen retrospektiver und prospektiver Verantwortung zeigt sich insbesondere im Umgang mit der deutschen Geschichte. Wir, die Nachgeborenen, sind nicht verantwortlich für die Verbrechen der NS-Zeit (retrospektiv). Wir, die Nachgeborenen, sind aber sehr wohl verantwortlich für eine zukünftige Gesellschaft, in der sich Gewaltverbrechen gegen die Menschlichkeit nicht wiederholen (prospektiv).

121 »Erdbeben in der Türkei: Türkische Behörden nehmen mehrere Bauunternehmer fest« (Zeit Online). Abgerufen am 29.3.23. https://www.zeit.de/politik/2023-02/erdbeben-tuerkei-syrien-festnahmen.

122 Dass die Prepper-Szene gefährlich ist, sieht man immer wieder. Für Entsetzen sorgte eine Explosion im Mai 2023 in Ratingen (NRW). Ein Prepper (und Coronaleugner) verübte in der Stadt bei Düsseldorf einen gezielten Angriff auf Polizei und Rettungskräfte, der mehrere Einsatzkräfte schwer verletzte. Abgerufen am 19.6.23. https://www.tagesspiegel.de/gesellschaft/panorama/weiteres-todesopfer-nach-explosion-in-ratingen-funf-einsatzkrafte-im-kunstlichen-koma--verdachtiger-soll-prepper-szene-angehoren-9803549.html.

123 »Essen und Trinken bevorraten« (Bundesamt für Bevölkerungsschutz und Katastrophenhilfe). Abgerufen am 29.3.23. https://www.bbk.bund.de/DE/Warnung-Vorsorge/Vorsorge/Bevorraten/bevorraten_node.html.

124 »Die Datenlage ist dünn. Es gibt Schätzungen, da kursieren Zahlen von bis zu 200 000 Menschen in Deutschland.« Das sagt Mischa

Luy, der das Phänomen als Sozialpsychologe erforscht. »Prepper in Deutschland: Immer bereit für die nächste Katastrophe« (Deutschlandfunk). Abgerufen am 29.3.23.
https://www.deutschlandfunk.de/prepper-in-deutschland-immer-bereit-fuer-die-naechste-100.html.

125 »Klima-Fußabdruck der Superreichen 30-mal höher als mit Pariser Abkommen verträglich« (Oxfam). Abgerufen am 29.3.23.
https://www.oxfam.de/presse/pressemitteilungen/2021-11-05-klima-fussabdruck-superreichen-30-mal-hoeher-pariser-abkommen.
Dass Reiche dem Planeten im Schnitt wesentlich mehr Schaden zufügen als Arme, ist eine Gewissheit. Die Frage ist lediglich, was wir mit dieser Gewissheit machen. »In Deutschland sind laut Oxfam die reichsten zehn Prozent bzw. 8,3 Millionen Menschen für 26 Prozent der deutschen CO_2-Emissionen im untersuchten Zeitraum verantwortlich. Die mit 41,5 Millionen Menschen fünf Mal größere ärmere Hälfte der deutschen Bevölkerung habe mit 29 Prozent nur etwas mehr verbraucht.« »Oxfam-Studie: Reiche schädigen Klima stärker als Arme«. https://www.tagesschau.de/ausland/oxfam-klima-reich-arm-101.html, abgerufen am 29.3.23.

126 Für alle Fans der Serie: Ingo Reuter wirft einen sehr schlauen und genauen Blick auf die Philosophie der Zombieapokalypse in *»The Walking Dead«: Über(-)Leben in der schlechtesten aller möglichen Welten. Interpretation einer Fernsehserie* (2018).
Die Philosophiegeschichte kennt mit Hobbes' »Krieg aller gegen alle« (bellum omnium contra omnes) ebenfalls einen – hypothetischen – außergesellschaftlichen Zustand. Sowohl die Macher von Zombie-Content als auch der englische Staatstheoretiker Hobbes sind sich einig darüber, dass es in einem solchen »Naturzustand« nicht gerade zimperlich zugeht.

127 https://www.instagram.com/p/B6IGJXMI49m/, abgerufen am 16.5.23.

128 Übrigens: Auf dem Tempelhofer Feld in Berlin gibt es den Allmendekontor. Er ist ein von über fünfhundert Gärtnerinnen gemeinschaftlich bewirtschafteter Garten, auf dem seit über zehn Jahren und auf gut fünftausend Quadratmetern allerlei Pflanzen wachsen und viel Gemüse sprießt. Die Fläche wird von einem Verein verwaltet und ist ein verwinkelter, verwunschener botanischer Mini-Dschungel, mitten in der Großstadt, auf der Grünfläche eines ehemaligen Flughafens. Mit kapitalistischer Landwirtschaft oder dem, was eine von der Ernte abhängige Gemeinschaft zum Überleben erwirtschaften müsste, hat die Fläche wenig zu tun. Dennoch: Der Allmendegedanke wächst und gedeiht sogar im grauen Berlin, hier und heute.

129 Herrmann, 2022, S. 178.

130 »Alena Buyx: ›Eine von Wut getriebene Suche nach Schuldigen hilft überhaupt nicht‹« (Zeit Online). Abgerufen am 29.3.23. https://www.zeit.de/gesundheit/2022-12/alena-buyx-corona-politik-pandemie-solidaritaet-interview/seite-4.

131 »Nach Vorstoß der Grünen: Parteien lehnen Halbierung der Zahl der Parkplätze in Berlin ab« (Tagesspiegel). Abgerufen am 29.3.23. https://www.tagesspiegel.de/berlin/nach-vorstoss-der-grunen-parteien-lehnen-halbierung-der-zahl-der-parkplatze-in-berlin-ab-9152364.html.

132 »›Konservative‹ Energiepolitik: Mit Vollgas in die falsche Richtung« (Christian Stöcker), Spiegel Online. Abgerufen am 29.3.23. https://www.spiegel.de/wissenschaft/mensch/konservative-energiepolitik-mit-vollgas-in-die-falsche-richtung-kolumne-a-8febc1ea-29b0-4498-af56-fdc770e0201b.

133 »Car-Sharing« (Umweltbundesamt). Abgerufen am 28.3.23. https://www.umweltbundesamt.de/themen/verkehr-laerm/nachhaltige-mobilitaet/car-sharing#angebotsformen-des-car-sharing.

134 Jonas, 2017, S. 36.

135 »Energiepolitik: Wir müssen aufhören, auf diese Leute zu hören« (Christian Stöcker), Spiegel Online. Abgerufen am 28.3.23. https://www.spiegel.de/wissenschaft/mensch/energiepolitik-wir-muessen-aufhoeren-auf-diese-leute-zu-hoeren-kolumne-a-799c2c83-edc2-4cd3-9204-94aa1d79bede.

136 »Wirtschaftswachstum und Klimakrise: Wir müssen zurück ins Jahr 1978« (Deutschlandfunk Kultur). Abgerufen am 29.3.23. https://www.deutschlandfunkkultur.de/ende-kapitalismus-klimakrise-herrmann-100.html.

137 Herrmann, 2022, S. 229 ff.

138 Ebd., S. 228.

139 »Verbot von Inlandsflügen in Frankreich – wenn es eine Zugverbindung gibt« (Watson). Abgerufen am 29.3.23. https://www. watson.de/nachhaltigkeit/gute%20nachricht/

902763643-gute-nachrichten-verbot-von-inlandsfluegen-in-frankreich-bei-zugverbindung.

140 https://twitter.com/ulfposh/status/1596199995073769472, abgerufen am 23.5.23.

141 https://twitter.com/elonmusk/status/1596083744728928257, abgerufen am 23.5.23.

142 https://quartiermeister.org/de/quartiermeister/, abgerufen am 23.5.23.

143 »The super-rich ›preppers‹ planning to save themselves from the apocalypse« (The Guardian). Abgerufen am 29.3.23. https://www.theguardian.com/news/2022/sep/04/super-rich-prepper-bunkers-apocalypse-survival-richest-rushkoff.

144 »Mehr als 4200 Fälle: Haftstrafe für Weinheimer Ärztin wegen falscher Maskenatteste« (SWR). Abgerufen am 29.3.23. https://www.swr.de/swraktuell/baden-wuerttemberg/mannheim/urteil-im-masken-prozess-gegen-weinheimer-aerztin-100.html.